99%の社長が知らない銀行とお金の話

株式会社武蔵野　代表取締役社長
小山昇

あさ出版

【銀行】
会社が困ったときに、助けてくださるのも銀行様、
逆に見捨てることができるのも銀行です。
見捨てられないように正しい経営をして、
どんなときも困らないようにしておくのが
社長の仕事です。

――小山昇『仕事ができる人の心得』（CCCメディアハウス）より

「22歳で人材派遣業をはじめ、3年で1000万円を貯め、携帯電話の販売店を立ち上げました。本体『0円』のキャンペーンで当時の最高売上最高利益を得たのですが、そこに悪魔が潜んでいたのです。1994年12月に**資金ショート**。もはや万事休すというときに起きたのが、阪神淡路大震災でした。復興支援によってお金が入り、借入れについていた親の担保を外すことができたのですが、好事魔多しで、その後立ち上げた事業がことごとく失敗し、**リスケジュール（返済期間や金額の見直し）を行うまでに追い込まれました。**

中途半端な勉強ではこの難局は乗り越えられないので、ぎりぎりの状況のなか、藁をもつかむ思いで小山社長に相談をさせていただきました。そして、小山社長の指導のもと、文字どおり歯を食いしばって経営の改善を実行しました。その結果、4年後に、**都銀から無担保で5000万円を借りて、各行に返済**をしてリスケジュールが終了。6年後、**本社ビルの建設にあたっては、担保も個人保証もつけずに融資を受けることができました。**それ以来、「B／S（貸借対照表）を傷つけない経営」を心がけ、現在は年商40億円です。

あとから聞いた話ですが、**小山社長がそのころに指導していた知識で書いた本が『無担保で16億円借りる　小山昇の〝実践〟銀行交渉術』だった**のです」

（株式会社NSKKホールディングス代表取締役・賀川正宣）

「小山さんの『16億円』は、母で専務の山口典子が先に読んでいて、母から『読みなさい』と渡されました。この本と出会う前は、全行根抵当・個人保証がバッチリついていました。個人の借入れも根保証です。指導を受けて地銀と交渉したら、**3億円を無担保・無保証、金利0．8％で5年という条件で融資を受けられました**。しかも、半年後の銀行訪問で**追加で2億円、同条件で提案**がありました！」

（ヤマヒロ株式会社代表取締役・山口寛士）

「『小山昇の〝実践〟銀行交渉術』を銀行の担当者に渡して、『わからないことがあるから教えてほしい』と伝えたら、**すぐに支店長が訪問しにきて、借入れの提案をされた**ので、びっくりしました。すごいですね！」

（株式会社P．O．イノベーション代表取締役・見木太郎）

「小山さんが『無担保で16億円借りる　小山昇の〝実践〟銀行交渉術』を各行に持って行きなさいと言われたので、作成した長期計画と書籍を持ち1月に銀行訪問に行きました。

翌月、無担保・無保証になっていないX銀行の支店長が、ぜひお会いしたいとご来社されました。支店長は小山さんの本を3日で読んで、『今、部下に回して読ませている』とおっしゃっていました。**『銀行の手の内を読んでいる、痛いところをついていますね。これは小山社長のご経験された内容なんでしょうね』**とのことでした。**『今期の決算書を6月ごろいただいたら、その内容によっては無担保・無保証で提案をさせてください』**と言われました」

（株式会社ダスキン山口代表取締役・岩本恭子）

「Y銀行の担当が飛び込みで来ました。**『武蔵野の小山さんの銀行交渉術を勉強しているなら間違いないですね、無担保、個人保証なしですよね』**と500万の融資をしてくれました」

（株式会社河芸クリーン代表取締役・竹林正浩）

はじめに

小山昇が緊急入院をしたとき、銀行はどのように対処したか

2013年の11月、オーバーワークがたたって、私は緊急入院をしました。

私が社長を務める「株式会社武蔵野」は、世間の評価として「小山昇という、超超超ワンマン社長が引っ張る会社」だと思われています。

社長が1カ月も入院するとなれば、「武蔵野は大丈夫か?」「業績が落ちるのではないか?」と不安の声が出るのもしかたありません。

事実、私が不在の間の月、武蔵野は赤字になりました。


では、ここでみなさんにクイズを出題したいと思います。3択問題です。

Q　小山昇の緊急入院を知り、武蔵野に融資をしていた銀行は、どのような対応をとったと思いますか？

①会社が赤字になることが予想されたので、回収を急がせた（貸し剥がし）
②武蔵野から追加融資の申し込みがあったが、社長が退院するまで融資を凍結した
③社長へのお見舞いとして、数億単位のお金を融資した

正解は「③」です。

しかも、**「4億円」**ものお金を貸してくださいました。

普通なら、社長が1カ月も不在になると、銀行はお金を貸さなくなります。ですが、わが社の場合は違いました。私の入院中にもかかわらず、各行からの融資が決まり、4億円のお金が集まった。いわば、私と武蔵野への「お見舞い金」です（社長の個人保証がないので妻がかわりに実印を押していた）。武蔵野は、社長の小山が元気でも病気でも、たくさんのお金を集めることができる。これが強みです。

ではなぜ、銀行はお金を貸してくれたのでしょうか。

理由は「2つ」あります。

ひとつは、武蔵野もまた、銀行が困っているとき（融資先を探しているとき）に、借入れをするなどして、応援してきたからです。そのお礼として、今度は銀行が武蔵野を助けてくださいました。

そしてもうひとつの理由は、たとえ社長が入院していても、絶対に倒産しないだけの返済能力があるからです（月商の3倍の普通預金がある。普通は1倍。緊急支払い能力です）。

銀行は、業績が黒字だからお金を貸すのではありません。赤字でも、返済能力があれば、融資をしてくれるのです。

武蔵野の経営サポートパートナー会員（武蔵野が経営コンサルティングをしている会社）の1社に**「株式会社ミスターフュージョン」**（石嶋洋平社長）という会社があります。この会社は、ｗｅｂマーケティングのコンサルティング会社です。

この会社のキャッシュフローは非常に悪く、貯金通帳の口座残高が、たった「48円」しかなかったことがあります。

ところが、3年間で口座残高が増え、現在では、web業界の成長株として注目を集めています。

では、もう一問、クイズを出します。

Q 「48円」だった「ミスターフュージョン」の口座残高は、3年間でいくらになったと思いますか？

①現預金がどんどん増えて、「3000万円」になった
②現預金がみるみる増えて、「8000万円」になった
③現預金がじゃぶじゃぶ増えて、「4億円」になった

正解は「③」です。

「売掛金を減らす」などの業務改善に加え、銀行からの融資を積極的に進めた結果、「ミスターフュージョン」は、現在、堅調に利益を出しています。

社長の無知は犯罪である

私はこれまで、600社以上の会員企業を指導していますが、ほぼすべての社長に共通しているのは、

「お金の見方が間違っている」
「お金のことを教えてくれる先生がいない」

ことです。私が指導する社長の多くは、次のような思い違いをしています。

「赤字の会社には、銀行はお金を貸してくれない」
「借金はしないで、無借金経営をすべきだ」
「融資を受けるときは、担保や保証を取られるのが当たり前」
「借り入れた一部を定期預金にしないと借りられない」

「一度抵当権がつけられたら、外すことはできない」
「金利が高いと損をするので、できるだけ安く借りたほうがいい」

こうした考えは、すべて間違いです。では、どうして思い違いをしているのでしょうか。理由は簡単です。失礼を承知で言わせていただくならば、

「社長が無知だから」

です。

お金は、命の次に大切なものなのに、多くの社長は、あまりにも無知で無策です。

闇金融のようなところから借りるのは論外としても、きちんとした金融機関からは、金利が高くてもどんどん借りるのが正しい。

なぜなら、会社は赤字でも倒産しませんが、現金が回らなくなれば倒産するからです。そうならないためには、銀行から借入れをして、常に現金を持っておく必要があります。

武蔵野の社長になる前、私がまだ「株式会社ベリー」という貸しおしぼりの会社を経営していたころ、事業資金として、銀行から1億円を借りたことがあります。それを知った私の両親は、こう言いました。

「昇、そんな大金を借りて大丈夫なのか」

「ちゃんと返せるの?」

親が心配したのは、「借金=罪悪」「借金をしないで自分でコツコツ貯める=善」という考え方が一般的だったからです。

たしかに、「個人」は借金をしないのが正しい。ですが、会社は違います。会社は借金をするのが正しい。「借金=罪悪」なのではなく、

「無借金=罪悪」

です。

社長の仕事は、無借金経営をすることではありません。

社長の仕事は、東日本大震災やリーマン・ショックといった予期せぬ事態に見舞われても、決して潰れない強い会社をつくることです。

銀行から借入れをすれば会社を立て直すことができるのに、銀行交渉のしかたを知らずに会社を倒産させたとしたら、それこそ「悪」であり、犯罪にも等しい。

私は「社長の無知は、犯罪と同じ」と思っている。そう思うからこそ、銀行から積極的に借入れをして、強い会社をつくってきました。

超自転車操業を乗り越えたから、今の武蔵野がある

もちろん、私もはじめは無知でした。失敗もたくさんしたし、資金繰りに窮《きゅう》したことも一度や二度ではありません。融通手形を切って、「もはやこれまでか」という崖っぷちに立たされたこともあります。

現在、武蔵野は、**約15億円の現預金**を持っています（無担保・無保証）。

ですが、２００８年に都銀の貸し剥がしにあい、超自転車操業を余儀なくされました。現預金が**「34万円」**にまで減ったことがある。当時の経理担当者、高梨昌俊（現・本部長）は、そのときのことをこう振り返ります。

「ほんの数分ですが、使える現金が、34万円にまで減ったことがあります。さすがに、『これはまずいな』と……。月末になると、お金の夢を見るんです。正直に申し上げますと、私が武蔵野に入ってもうすぐ18年になりますが、この時期だけですね、『会社に行きたくない』と思ったのは。今でこそ笑い話ですが、毎日、『どうか入金がありますように、どうか現金が増えていますように』とお祈りしていました（笑）」（高梨本部長）

こうした危機を乗り越え、今の武蔵野があります。

プロの融資マンも認める小山昇の銀行交渉術

私は、2010年に『無担保で16億円借りる　小山昇の〝実践〟銀行交渉術』（あさ出版）という本を出版しました。

ある銀行の支店長は、冗談まじりで、あの本のことを「有害図書」と呼んでいます（笑）。

なぜなら、銀行としては知られたくない「銀行の本音」が書かれてあるからです。あの本を行員教育用のテキストに使っている銀行もあります（私は以前、「地方銀行研修所」で、支店長になる銀行員を相手に講師を務めたこともあります）。

私が経営指導をしている**「株式会社オージーフーズ」**の高橋徹社長から、こんな話を聞いたことがあります。

高橋社長の大学の同級生に、某地銀の支店長がいます。高橋社長が、その同級生と仕事を離れて飲んでいるときに、こう聞いてみたそうです。

「友人として本音を聞かせてほしいのだけれど、経営計画発表会に出席しておまえはどう思った？」

高橋社長の友人は、**「日昭工業株式会社」**（久保寛一社長）と**「株式会社凪《なぎ》スピリッツ」**（生田智志社長）の経営計画発表会に出席していました。すると彼は、こう答えた。

「もちろん、決算書の数字なども見るけれど、経営計画書をつくったり、銀行訪問をしたり、経営計画発表会をされると、銀行としてはお金を貸さざるを得ないよ」

前著で私が紹介した銀行交渉術は、融資のプロも認めるノウハウだった、ということです。本書では、前著の内容を踏まえつつ、より新しく、より実用的な銀行交渉術を紹介します。

銀行交渉に強くなれば、何があっても潰れない強い会社をつくることができるはずです。本書が、みなさんの経営の助けになれば幸いです。

末筆になりましたが、情報をご提供くださった経営サポートパートナー会員企業のみなさん、出版の機会を与えてくださった株式会社あさ出版の田賀井弘毅さん、執筆のお手伝いをしていただいたクロロスの藤吉豊さんに、心より御礼申し上げます。

２０１５年10月

株式会社武蔵野　代表取締役社長　小山昇

99%の社長が知らない銀行とお金の話　目次

第2章 赤字の会社でも、融資を引き出す方法がある

第4章 「3点セット」で銀行の信用を勝ち取る

第5章
【〝実例〟銀行交渉術】あの会社はなぜ、お金に困らなくなったのか？

編集協力／藤吉 豊（クロロス）
本文デザイン・DTP／斎藤 充（クロロス）

『小山昇の〝実践〟銀行交渉術』シリーズの使い方

1

本書ならびに『無担保で16億円借りる 小山昇の〝実践〟銀行交渉術』（あさ出版）を購入し、読んで気になった箇所、学びがあった箇所に線を引き、そのうちの何かひとつを実践し、継続する。

2

取引のある金融機関もしくは飛び込みで来た金融機関の営業マンに、「今、この本を読んで勉強をしているのだが、ここに書かれていることは本当か」と本を渡す（融資が決まることがある）。

3

1と2を繰り返す。なお、以前に線を引いた箇所と、現在線を引いた箇所とを比較してみると、自分の問題意識がどう変わってきたか、現在、何に重点を置いているか、把握することができる（線を引く際は、新しく買い直して読んだほうがいい）。

序章

借金をしたくないなら、今すぐ社長をやめなさい

「無借金経営」の社長より「借金経営」の社長のほうが優秀である

「借金は罪悪だ」と考える社長は、今すぐ足を洗いなさい

会社の経営は、現金にはじまって、現金に終わります。銀行からお金を借りないで経営ができる会社は、1％にも満たない。

一般的には、「借金はしないほうがいい」「無借金経営を続けている社長は優秀だ」と考えられていますが、それは間違いです。

会社を潰さないために、積極的に借金をして「無借金にならない」ように心がけている社長こそ、優秀です。

そもそも日本の税法上、銀行からお金を借りないと、会社を大きくすることはできません。わが社のように増収増益の会社であっても、です。

あなたの会社が、「1000万円」の経常利益を出していました。ですが、そのうちの500万円は税金、250万円は予定納税です。

残りは250万円ですが、そのほとんどが在庫や売掛金に化けてしまう。おまけに、借入金の返済が回ってくる。

ということは、増収増益になっても、資金繰りは大変です。銀行からお金を借りなければ、会社を成長させることはできないでしょう。

会計事務所や弁護士事務所など、役務が中心の会社であれば、在庫も仕入もありませんから、無借金は可能です。

また、借入金を増やせない業界もあります。建設業です。**「内藤建設株式会社」**の内藤宙《ひろし》社長に、なぜ長期借入金を増やさないのか聞いたところ、借入金があると官庁入札ができないと教えられました。だから、短期借入金で借りて、決算の前に返して翌月借りています。業界の特性を無視してはいけません。

けれど、サービス業・製造業・飲食業で無借金経営は不可能に近い。

どうしても無借金経営をしたければ、地域ナンバーワン、業界ナンバーワンの地位を確立するしかありません。ナンバーワンになって潤沢な利益を得ることができれば、無借金になりやすい。

ですが、ナンバーワンになるには規模の拡大が必要であり、そのためにはお金が必要です。無借金経営を目指すためには、結局、その過程で借金をするしかないわけです。

多くの人が、借金は罪悪と考えていますが、本当にそうでしょうか。

ではお聞きします。

会社の利益を出すために、お金を借りることは後ろめたいことですか？

会社を大きくすることは罪悪ですか？

違いますよね？　本当に罪悪なのは、

「会社を潰すこと」

です。もし「借金は罪悪だ」と考えるのであれば、企業経営から今すぐ足を洗ったほうがいい。「上場を目指す」とか、「業界ナンバーワンを目指す」なんて、口に出さないほうがいい。会社を潰さないためにお金を借りることは、「善」です。

どの会社もお金を借りて大きくなってきた。これが事実です。

無借金経営の会社ほど、いざというときに倒産しやすい

銀行は、過去の取引実績に対してお金を貸す

「無借金経営のほうが財務体質はいいのだから、いざというときにお金を借りやすい」という考えは、的外れです。無借金経営の会社ほど、お金を借りることができません。

もちろん、借金をしない会社のほうが、財務体質はいい。ですが、財務体質がいいからといって、すぐにお金を借りられるわけではありません。

なぜなら、銀行は保守的で、過去の取引実績に対してお金を貸すからです。銀行は「継続性」が原則であり、新規取引には必要以上に慎重です。

一度も借入れのない会社が、急に融資を申し込んできたら、銀行はどう思いますか？

「この会社は、よほど追い込まれている」とか「回収に不安があるかもしれないから、新規の融資は見合わせよう」と警戒するのが当たり前です。

融資・返済の実績のある会社と、実績のない会社が、ともに「お金を貸してください」と頼んできたら、銀行はどちらにお金を貸すでしょうか。

金融機関にも資金の枠があるので、どちらにも貸すわけにはいかない。だとすれば、「実績のある会社」に貸すのが当然です。

わが社が「必要のない借金」までしているのは、「いざというときの備え」です。「借金ができる『信用』そのものが財産」と考えているからです。

銀行から融資を受け、きちんと返済して実績をつくる。それが、いざというときに困らない「倒産しない仕組み」のひとつになります。

「これだけお返ししました。だから次は、これだけ貸してください」と、借入れと返済を繰り返していくことが実績につながります。

借金は、未来への積極的な投資である

現金は、会社の明るさの象徴です。現金のない社長は、資金繰りに奔走して、事業に専念できません。だから、暗い。一方で、どんなに赤字でも銀行からお金を借りることができれば、前向きになり、事業にも専念できます。

ですから、明るくて強い会社をつくりたいならば、現金を持つことが大切です。では、どうやって現金を増やしたらいいのでしょうか？

銀行から借りる以外ありません。

現金は、会社の血液です。止まると倒産します。どんなに儲かっていても、現金がなければ、賞与も給料も支払いもできません。

リーマン・ショックのあと、多くの老舗が黒字倒産しています。どうして黒字なのに倒産をしたと思いますか？

無借金経営をしていたからです。

売掛金の増加や大量の棚卸資産によって資金繰りが悪化し、現金がなくなった。だから、倒産したのです。

経営不振に陥っていた国内航空3位のスカイマークは、民事再生法の適用を申請しましたが、経営破たんしました。

責任を取って社長を辞任した西久保愼一氏は、「無借金経営」をモットーとしていたと言われています。結果論とはいえ、銀行からの支援が得られなかったことが、資金繰りの悪化に影響したと見る関係者も少なくありません。

無借金経営が仇《あだ》となり、窮地に追い込まれたのです。

今の時代は、変化が早い。お客様のニーズも、ライバル会社の動きも、刻一刻と変化しています。「利益が出てから設備投資をすればいい」と悠長に構えていては、すぐに取り残されてしまいます。

製造業は設備投資のために、サービス業はお客様の数を増やすために、借金をする。そのための借金は、未来への投資です。

第1章

銀行がお金を貸したくなる会社とは？

銀行は、敵でも味方でもない。「ビジネスパートナー」である

銀行と中小企業は、「Win-Win（ウィンウィン）」の関係

「銀行は敵である」と思っている社長がいますが、私はそうは思いません。

武蔵野がこれだけ大きくなれたのは、

「銀行のお力添えがあったから」

です。銀行から融資を受けられなければ、規模の拡大はできなかった。

銀行の歴史は４０００年以上あります。何もわかっていない赤子（中小企業の社長）が戦いを挑んだところで、勝てるわけがない。

中小企業と銀行では、歴史もノウハウも圧倒的に違います。

銀行がお金を貸してくれないとしたら、借りられないような会社にした社長の責任です。銀行のせいではありません。銀行を恨むのは、筋違いです。銀行は「敵」ではありません。

かといって、私は「銀行＝味方」と楽観視もしていません。味方だと思うと銀行に頼ってしまい、経営が甘くなります。

銀行は、敵でも味方でもなく、「ビジネスパートナー」であると私は考えています。

銀行の支援なくして、経営は成り立ちません。

銀行もまた、融資先の成長なくして収益は上がりません。

銀行と中小企業は「Win-Win（ウィンウィン）」の関係を築くことが大切です。

銀行のノルマに協力するのも、社長の仕事

銀行マンは、新規融資や融資増加額で評価されます。ですから、彼らも、本当は貸したい。貸さなければ、自分の評価が上がらないからです。

銀行マンがノルマに追われやすいのは、**「3月、4月、9月、10月」**です。

銀行はこの時期になると、「ノルマを達成したい。どこかに貸せる会社はないか」と、貸す気が高まります。

貸したい気持ちはどの銀行も同じですから、競争原理が働く。ということは、「他行に取られる前に貸したい」と考えるはずです。

私はそのことがわかっているので、この時期が近づいてくると、「貸出は足りていますか？」「預金はいくら足りないのですか？」と声をかけ（取引のある銀行に平等にお声がけします）、足りていない場合は、できるだけ借りるようにしています。それが銀行を応援することにつながるからです。

「株式会社後藤組」の後藤茂之社長は、私の銀行訪問に同行したときの感想を次のように述べています。

「どちらがお客様なのかわからないような雰囲気でした。小山社長のほうがお客様のはずなのに、銀行さんのほうがお客様のように見える。小山社長のほうが上で、銀行が下、という感じです（笑）。小山社長は、終始、『どうすれば銀行がお金を貸したくなるのか』を意識して話をされています。銀行交渉とはいうものの、実際には交渉しているわけではな

く、銀行が貸したくなるような報告をして、相手をその気にさせている、といった印象ですね」（後藤社長）

普通の社長は、自分の都合だけで銀行と交渉しようとします。ですが、私は違う。「銀行はいつお金を貸したがっているのか」「銀行の支店長はどのように評価されるのか」がわかっているので、銀行や支店長の都合まで考慮しています。

9月が銀行の中間決算です。支店長は「それまでに成績を上げたい」「どこか貸し出せる会社はないか」と考えます。支店長の評価は、Sランク、Aランク、Bランク、Cランク、Dランクに分かれていて、Sランクを取れば本店行き。ですがCランク以下だと外に出される。だから支店長も必死です。

ということは、7月、8月ごろに「武蔵野には資金需要がある」という情報を伝えておけば、銀行のほうから「金利を少し下げてもいいので、借りてくれませんか？」と声をかけてきます。

わが社は好条件で融資が受けられる。銀行は成績を上げられる。どちらも得をする。銀行交渉は、自社の都合だけで借りてはいけないのです。

社長が無知だと、銀行と対等になれない

社長の無知は、会社を危険にさらす

銀行と中小企業は、本来、対等の関係であるべきです。ところが無知な社長は、銀行の言いなりになる。社長が無知のままでは、対等になりません。

命の次に大切なお金のことを扱うのに、多くの会社の社長は、勉強しない。かつての私もそうでした。

今から20年以上前のことです。定期預金５０００万を担保にして、社員の賞与資金を借りました。

そのとき私は、抵当権（お金を借りるときに万が一返せなかった場合の担保）と同じ感

覚で定期預金を差し出しました。返済が終われば外れると思っていたのです。
ところが、その保証は、「包括根保証」になっていました。

◉根保証

……保証の枠（極度額※と保証期間）があり、その範囲内であれば保証人は責任を負わなければならない契約です。

融資を受けるたびに保証契約する手間と費用が節約できますが、保証する期間が契約時に定められていることが多く、その期間内はたとえ一度完済しても、契約で定めた範囲内であれば保証をすることになります。

返済が終われば役目を終える通常の連帯保証とは違って、完済しても保証人をやめることができないデメリットがあります。

仮に500万円が保証の極度額で、債務者が最初に200万円借りたとします。その200万円分は当然保証責任を負いますが、その後、債務者が300万円を借りた場合、それについても責任を負わなければなりません。

※契約上の最大額

◉包括根保証

……保証の期限や極度額を定めていないため、生涯にわたり保証し続けなければなりません。保証人が過大な責任を負う可能性のあることや、経営者の新たな事業展開や再起を阻害するとの指摘がなされ、現在は禁止されています。

そのとき私は、自分の無知さ加減にあきれました。「外してほしい」とお願いしても、銀行は「駄目だ」の一点張り。

そこで私は、「借りている金額と同額」を普通預金に積み上げました。「返済する力がある」ことを証明するためです。なんとか解除してもらうことができましたが、あきらかに私が甘かった。契約書をよく見ていなかったのです。

銀行から、「こういう書類を出してください」と言われれば、多くの社長は借りたい一心で言いなりになります。そして銀行に言われたとおり、担保まで差し出す。

以前、「格付け3」の会社の社長が「0．5％の超低利で1000万円借りることができた」と言って、大喜びをしていましたが、私から言わせれば、この社長は無知です。

根保証の仕組み

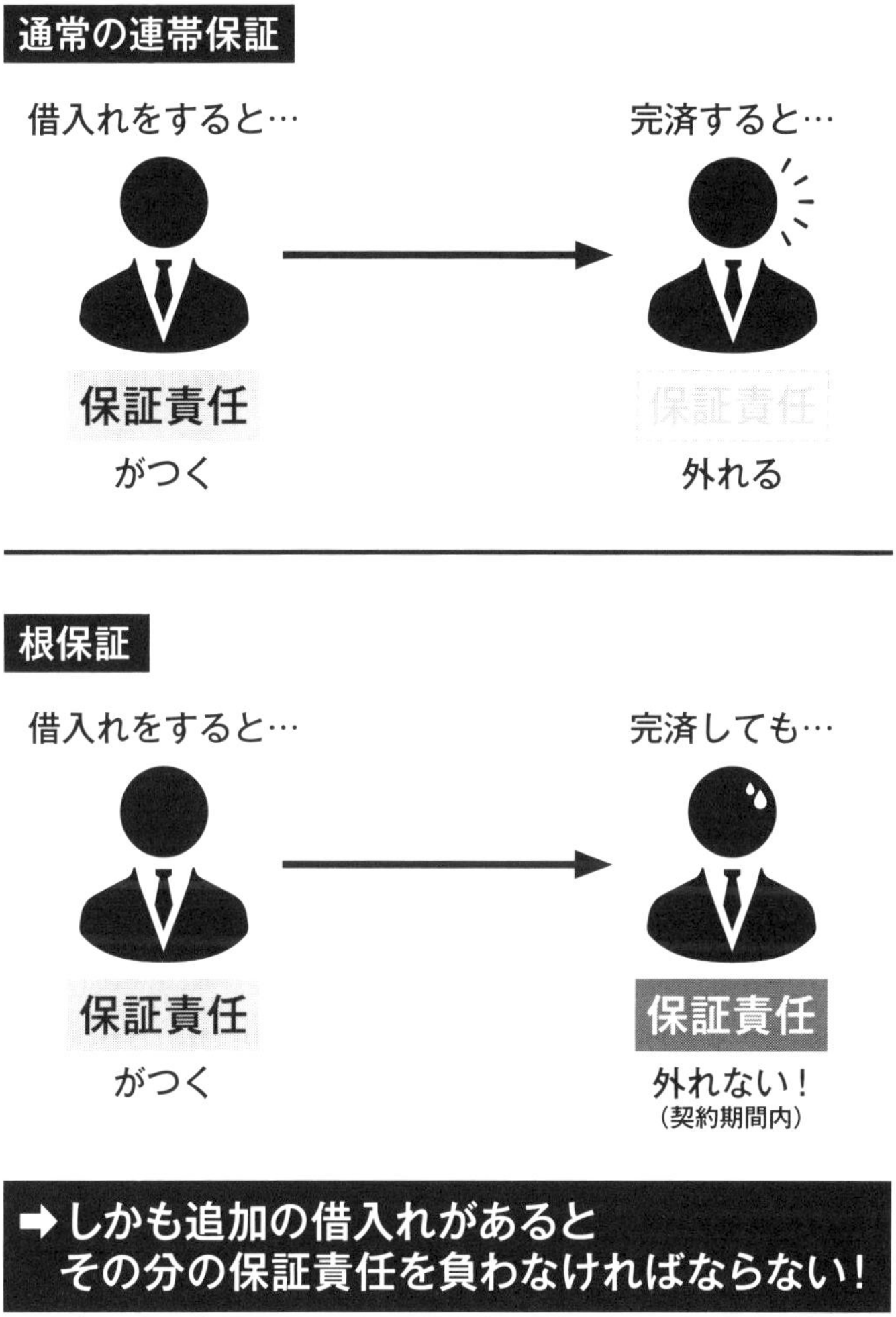
通常の連帯保証
借入れをすると…
保証責任
がつく
完済すると…
保証責任
外れる
根保証
借入れをすると…
保証責任
がつく
完済しても…
保証責任
外れない！
（契約期間内）
➡しかも追加の借入れがあると
その分の保証責任を負わなければならない！

なぜなら、根抵当がつけられていたから。

「格付け3」であれば、1000万円借りるのに担保も個人保証もいらないはずです。それなのに根抵当がつけられたのは、社長が無知だからです。

武蔵野も、資金繰り表（収入と支出を一覧にして、収支の過不足を明らかにした表）の提出を求められたことがあります。けれど私は、銀行の言いなりになるつもりはなかった。当時の経理課長から、「社長、どうしますか？」と聞かれた私は、「ほっとけ」と即答しました。ほっといたら、どうなったと思いますか？

資金繰り表を出さなくても、融資を受けることができました。


銀行は、資金繰り表を出さなかった武蔵野に対して、「お金に余裕があるんだろう。もしお金に切迫していたら、言うことを聞いたはずだ」と判断した。

お金に余裕がある、ということは「返済財源がある」ということです。

銀行にとって大事なのは、「お金を貸すこと」以上に、「貸したお金をきちんと返してもらうこと」です。だから資金繰り表を出さなくても、融資が下りたのです。

銀行は「儲けている会社」ではなく「確実に返してくれる会社」に、お金を貸す

「晴れたら傘を貸し、雨が降ったら傘を取り上げる」のは正しい

銀行が見ているのは、会社の収益性より返済能力です（45ページ参照。収益性の配点は15点、返済能力の配点は55点）。「儲かる会社か」よりも、「現金を持っている会社か」を見ています。現金を持っていれば、返済してもらえるからです。

多くの社長は、「儲かっていれば、銀行はお金を貸してくれる」と考えていますが、そうではありません。

「確実に返してもらえるから、銀行はお金を貸してくれる」のです。

銀行は、お客様（一般の預金者）から預かったお金を運用し、利益を上げ、お客様に金利を支払う責務を負っています。だとすれば、預かったお金を保全する意味でも、「返ってこないかもしれない会社」よりも、「確実に返してくれる会社」に融資するのは当然のことです。

銀行は「晴れたら傘を貸し、雨が降ったら傘を取り上げる」とたとえられますが、この表現は「正しい」と私は考えています。

「晴れている会社」＝「資金繰りがうまくいっている会社」に融資をすれば、確実に返してもらえます。けれど、「雨が降っている会社」＝「資金繰りに困っている会社」に融資をすれば、返ってこないかもしれません。銀行が「預金者のお金を保全する考え方」に立っている以上、「返してくれない会社にお金を貸さない」のは当然です。

多くの社長は、お金に困ったときに（業績が下がったときに）お金を借りようとしますが、その考えは間違いです。

銀行は、業績が悪い会社には貸したがりませんし、貸したとしても担保を取ります。ですから、お金は業績が良いときに借りておく。

銀行による財務格付け表（抜粋）

単位：百万円

	配点	
1 安全性項目		
自己資本比率	10	自己資本／負債・純資産合計
ギアリング比率	10	有利子負債（商手除く）／自己資本
固定長期適合率	7	固定資産／（固定負債＋自己資本）
流動比率	7	流動資産／流動負債
2 収益性項目		
売上高経常利益率	5	経常利益／売上高
総資本経常利益率	5	経常利益／総資本
収益フロー	5	
3 成長性項目		
経常利益増加率	5	（今期経常利益－前期経常利益）／前期経常利益
自己資本額	15	
売上高	5	
4 返済能力		
債務償還年数	20	有利子負債（商手除く）／償却前経常利益
ｲﾝﾀﾚｽﾄ・ｶﾊﾞﾚｯｼﾞ・ﾚｼｵ	15	（営業利益＋受取利息＋配当金）／（支払利息＋割引料）
キャッシュフロー額	20	営業利益＋減価償却費
定量要因計	129	
100点法による採点	**100**	

配点計15点（2 収益性項目）
配点計55点（4 返済能力）

池井戸潤『会社の格付』（中経出版）より

➡銀行は収益性より返済能力を重視している

当面、使う予定がなかったとしても、銀行からは借りられるだけ借りておくのが正しい。

不良なお客様は、延命させずに倒産させたほうがいい

銀行にとって、不良なお客様は、倒産するのが正しい。

リーマン・ショックによる急激な経済不況のなか、中小企業の倒産を防ぐ目的として「中小企業金融円滑化法（正式名称：中小企業者等に対する金融の円滑化を図るための臨時措置に関する法律）が実施されたことをご記憶の方は多いでしょう（２０１３年３月末で終了）。

金融円滑化法は、中小企業が銀行に返済負担の軽減を申し入れた場合、できるかぎり貸付条件の変更を行うように注意喚起をうながすものでしたが、私は、この法案は「中小企業にとって逆効果」だと考えていました。理由は次の「３つ」です。

理由①

……返済を猶予すると、貸し手である金融機関にとって、猶予期間の収益が悪化します。そ

うなれば返済猶予を申請した会社に対して、銀行は新規の融資を行いません。

理由②……社長が銀行や政府の保護を期待するようになると、会社の体質が甘くなります。

繊維産業をはじめ、〝糸へん〟や〝木へん〟の産業が衰退していったのは、政府が保護をしたからです。保護を受けたから産業は、依存心が強くなって、自立できなくなります。武蔵野が強いのは、政府にも、銀行にも甘えないからです。

理由③……「不良な会社」を延命させると、社長も社員も、その家族も、立ち直れなくなって、不幸になります。延命させると、出直しのチャンスが失われてしまいます。傷が大きくならないうちに倒産させたほうが、社長も従業員も、再起しやすい。

どうして銀行は、担保や個人保証をつけたがるのか

お金の使い道を報告しない社長は、信頼されない

みなさんが、親友に1万円貸すことになったとします。このとき、担保を取りますか？取りませんよね？　なぜなら、よく知る相手だから。信用できる相手だからです。

では、銀行が融資をするとき、どうして担保を取ろうとするのでしょうか？

その理由をひと言で言うと、「信用できないから」です。

今、銀行にはお金が余っています。余っているから、「優良な会社」にはどんどん貸したい。では、銀行から見た「優良な会社」とは、どんな会社なのでしょうか。それは、

「貸したお金を期日までに確実に返済してくれて、かつ金利を払ってくれる会社」のことです。つまり、「信用できる会社」です。

ところが、世の中を見渡すと、優良な会社ばかりではありません。むしろそうしたところは少ない。だから、根抵当をつけたり、個人保証を取ったりするわけです。

多くの社長は、融資を申し込むときだけ「お願いします」と頭を下げますが、融資を受けたとたんに知らん顔をします。

「そのお金をどのように使ったのか」

「そのお金を使ったことで会社がどうなったのか」

を報告しません。

銀行からお金を借りたら、「お金の使い道」を報告するのが当たり前なのに、報告の義務を怠っています。銀行側からすれば、心配でしかたがない。

だから、万が一のときに備えて、担保や個人保証を取るわけです。

銀行は、社長だけでなく、社長の奥さんにも個人保証をつけることがあります。社長だけの個人保証なら、銀行は社長からしか取り立てができません。ですが、奥さんにも個人保証をつけていれば、双方から取り立てができます。

会社が倒産するとき、社長が意図的、計画的に離婚をすることがあります。財産を残すためです。離婚をすれば、財産の半分は奥さんのものになります。

法律上は「離婚」していながらも、実際は奥さんと同居をすれば、残った財産で今までどおりの生活を続けられます。そこで銀行は、奥さんにも個人保証をつける。そうすれば、社長と奥さんが離婚しても、貸したお金をきちんと回収できます（社長の立場で考えると、奥さんを連帯保証人にしてはいけない、ということです）。

「経営者保証に関するガイドライン」があっても、個人保証は外せない

金融庁では、「経営者保証に関するガイドライン」を融資慣行として浸透・定着させていくことが重要だと考えています。

「経営者保証に関するガイドライン」は、

①法人と個人が明確に分離されている場合などに、経営者の個人保証を求めないこと
②多額の個人保証を行っていても、早期に事業再生や廃業を決断した際に、一定の生活費等を残すことや、華美でない自宅に住み続けられることなどを検討すること
③保証債務の履行時に返済しきれない債務残額は、原則として免除すること

などを定めたガイドラインです。このガイドラインによって、「社長個人の財産の担保を当たり前のように求められていた現状が変わる」という希望が出てきました。では、実際はどうなのでしょうか。現状は変わったのでしょうか？

私が知るかぎり、社長個人の資産を担保として求められるという現状は、変わらず存在しています。

個人保証を外すには条件があり、外すか外さないか決めるのは銀行です。銀行にしてみれば、「個人保証を外して、本当に大丈夫か。本当に信用できるのか」という不安はあるわけですから、そう簡単に外すことはできません。

それに、このガイドラインがどういうものなのか、わかっていない社長も多い。自社の貸借対照表さえ見たことがない社長が、このガイドラインを読むとは思えません。

結局のところは、ガイドラインがあろうとなかろうと、会社の透明性を高め、財務体質を良くし、信用力を高めることでしか、個人保証を外すことはできない。

創業者の根抵当をすべて外した小山昇の戦略

銀行が設定する抵当権には、「抵当権」と「根抵当権」があります。

- **「抵当権」………返済が終了すると解除される**
- **「根抵当権」……返済が終了しても解除されない**

銀行は、「抵当権だとその都度、設定しなければいけない。それに印紙税もかかる。けれど、根抵当にしておけば、毎回担保を設定しなくてよい」と説明します。たしかにその通りですが、別の目論見もある。

抵当権は、ひとつの不動産に対して、いくつでも設定することができます。その不動産を担保に最初にお金を貸した銀行には1番抵当権が設定され、2番目にお金を貸した銀行に2番抵当権が設定されます。

とはいえ、現実的には、2番抵当権は1番抵当権よりも回収のリスクが大きくなるため、銀行は「2番抵当権でもいい」とは考えません。

つまり銀行側からしてみると、根抵当にしておけば抵当権が解除されないため、ライバル銀行の参入を防げる。だから、抵当権よりも根抵当権を薦めるわけです。

1億円の土地に1億円の根抵当権をつけ、A行から2500万円借りたとします。すると無知な社長は、「A行から、まだ7500万円借りられる」と思う。

ですが、「2500万円貸したときと同じ利益状況(業績が良い状況)」になければ、貸してもらえません。会社の業績が下がっていれば、7500万円の担保価値は認められない。多くの社長は、そのことがわかっていません。

抵当権なら、残りの7500万円の担保価値は残っていることになるから土地を分筆して、他行の抵当権に入れて借りることができます。

抵当権を設定するなら、

「根抵当権ではなく、抵当権で借りる」

のが正しい。根抵当権がついていると、担保価値が残っていても、他行から借りることができません。

1990年、私が武蔵野の社長に就任したころ、1億円の借入がありました。

創業者の藤本寅雄は、本社の土地や自宅を担保として銀行に差し出していて、すべて「根抵当権」がついていました。

私は取引のある全銀行からたくさん借入をして、まず、借入金額のもっとも少なかったA銀行の借入を全額返済した。その際、私はA銀行の支店長に次のようにお願いをした。

「今後は厳しい経営をやりたいと思っています。そのためにも根抵当権を外していただけませんか？　根抵当権がついていると、経営が甘くなります」

支店長としても、「甘い経営でいいから根抵当で」とは言えませんから根抵当権を外してくれました。

私はA銀行から再びお金を借りて、さらに別の銀行から借りたお金と合わせて借入金額を増やし、2番目に借入金額の少ないB銀行の返済を行いました。そして、A銀行と同じく「厳しい経営をしたいので、根抵当を外してください」とお願いしたのです。このようにして、C銀行、D銀行と1行ずつ交渉し、数年かけて根抵当権をすべて外すことができました。

社長が無知だと、担保や個人保証は、いつまでもついてまわります。ですが、無知をあらため、戦略的に交渉を進めれば、個人保証や抵当権を外すことができるのです。

私が指導して個人保証や抵当権を外した会社は１００社を超えています。

社長の個人保証は、どうすれば外れるか

社長の覚悟を示せば、銀行は保証を外してくれることがある

「株式会社小田島組」（小田島直樹社長）は、土木工事・舗装工事などの公共事業に取り組む土木建設会社です。小田島社長は、現在8億円の借入れをしていて、そのうち、5億円が無担保、3億円が無担保・無保証です。

まだ個人保証は残っていますが、現在取引をしている銀行に関しては、無保証で融資を受けています。銀行の支店長からは、

「小田島さん、お金を借りるのに、社長が無保証というわけにはいかないでしょう。いくらなんでも、社長は保証しなきゃいけないんじゃないんですか」

と言われたそうですが、小田島社長は、こう切り返しました。

「私は現在、小田島組の社長をしていますが、今の新入社員が定年のころには、私はもういません。けれど、会社は絶対に残っているので、今の新入社員が辞めるときまで、この会社を守りたいんです。私はいずれ、誰かに社長を譲ります。それは息子かもしれないし、他人かもしれない。そのとき、銀行の保証が残っていると、有能な人は社長をやってくれないでしょう。そうなったら、誰が社長をするのですか？　私の相続人である妻しかいません。では、専業主婦の妻が社長をやったらどうなりますか？　会社は潰れてしまいます。私は、社員を守りたい。有能な人に次の社長をやってもらいたい。もちろん、支店長との約束も大事です。でも、『雇用を守る』という社員との約束も命がけなんです」

すると支店長は、しばらく目をつむり、30秒ほど「うーん」と考えたのち、

「わかりました、保証なしでいきます」

と答えたそうです。

多くの社長は、「銀行に保証を差し出すのは当たり前」と考えていますが、保証を差し出

すとしたら、それは銀行から信用されていない証拠です。

金利を払って、時間を買う

小田島社長は、銀行から借入れた8億円をそのまま普通口座に眠らせています。金利を払っても、使わないお金を持つ意味はあるのでしょうか？　小田島社長は、こう考えています。

「金利を払って、時間を買っている」

何の時間を買っているのかというと、「赤字になったときに、会社を建て直すための時間」です。

「会社が赤字になります。来年も赤字になります。すると銀行はお金を貸してくれなくなります。でもそのときに、現預金を持っていれば、銀行からの借入れがなくても会社を立て直すことができます。銀行がいきなり『お金は貸さない』と言ってきたとしても、8億円あれば、2年間は借金をしなくても会社を維持できる。私にとっていちばん怖いのは、会社を立て直す時間がないことです。でも2年あれば、会社を立て直すことができます。金利を払ってそのための時間を買っているんです」（小田島社長）

自分でコツコツ貯めた1億円も、銀行から借りた1億円も、「金利を払うか、払わないか」の違いがあるだけで、どちらも同じ1億円です。ただし、自分で貯めようとすると、実際には2億円稼がなければなりません（税金などがあるから）。

一方で、銀行から借りる1億円は、返済実績を積み、信用力を高めれば、なくなってもまた借りることができます。だとしたら、自分で貯めるよりも、銀行から貸してもらえる信用力をつけるべきです。

武蔵野は、担保物件のかわりに「3点セット」を差し出している

どうして無担保・無保証で「最大16億円」も借りることができたのか?

銀行が融資をするとき、担保や個人保証を取るのは正しい。ところが武蔵野は、無担保・無保証でお金を借りています（最大で16億円借りました）。

どうして銀行は、武蔵野に無担保・無保証で貸してくれるのでしょうか。それは、銀行に信用してもらえるように、「3点セット」を提供して「情報開示をしているから」です（3点セットについては、156ページ以降で詳しく説明します）。

3点セット　その①　経営計画書

……会社のルールと目指すべき数字を明文化して、1冊の手帳にまとめてあります。銀行にも配布しているので、支店は稟議を上げる際、あらためて資料を集める必要がありません。経営計画書には、以下のような内容が記されてあります。

- **「長期事業構想書」**（5年先までの事業計画）
- **「長期財務格付け」**（安全性、収益性、成長性、返済能力から見た武蔵野の格付け判定）
- **「長期財務分析表」**（経営効率、資金繰り、運転資金の回転率など）
- **「経営目標」**（今期の売上高、粗利益額、経常利益、経費、人件費など）
- **「利益計画」**（各月の売上高、粗利益、売上原価などの「目標」と「実績」）
- **「支払金利年計表」**（1年間でいくら金利を払っているか）

3点セット　その②　経営計画発表会

……毎年5月（当社の期首）に「経営計画発表会」を実施し、今期1年間の方針を発表します。銀行の支店長や法人営業部長を招待し、計画に嘘がないことをご自身の目で確かめていただきます。

3点セット　その③　銀行訪問

……定期的に（3カ月に一度）銀行を訪れ、武蔵野の現状（売上・経費・利益・今後の事業展開など）について報告しています。嘘をつかず、良いことも悪いことも包み隠さない。定期報告こそ、銀行の信頼を得る最良の仕組みです。

わが社は現在、15億円以上のお金を借りながら、定期預金をはじめとして担保物件をひとつも差し出していません。私の個人保証もせずに、すべて長期でお金を借りています。

それができるのは、3点セットを差し出して、「透明性」を高めているからです。

支店長がやって来る目的は、「定性情報」を集めるため

何の目的もなく、支店長が来社することはない

取引銀行の支店長が、アポイントも取らず、ふいにやって来ることがあります。「宝くじを買っていただこうと思いまして……」「カレンダーをお持ちしました」「近くまで来たものですから……」。

宝くじを売るのも、カレンダーを持ってくるのも、支店長がしなければならないほど大事な仕事だとは思えません。

支店長が来社した目的は、別にあります。

自分の目で**「現場の真実」＝「定性情報」**を確かめることです。

支店長が直々に訪ねてきたのは、「貸そうと思っている」からであり、「貸しても大丈夫か」の最終判断をするためです。

銀行は、「２つ」の情報から融資の最終判断をしています。

「定量情報」と「定性情報」です。

◉「定量情報」

……数字であらわせる情報。経常利益、収益力、売上高と経費のバランス、内部留保と資金繰りなど

◉「定性情報」

……数字であらわせない情報。会社が明るいか暗いか、整理整頓が行き届いているか、社員がイキイキと仕事をしているか、きちんと挨拶ができているか、規律が保たれているかなど

定量情報（会社の数字）は決算書を見ればわかりますが、定性情報は書類から読み取る

ことができません。そこで、支店長が自ら現場をチェックするわけです。

私が不在のときに支店長が来社したときは、「○○銀行の支店長が来て、今、帰られました」と私にメールが入ります。メッセージを受け取った私は、すぐに○○銀行に電話をかけます。

「武蔵野の小山と申しますが、支店長はいらっしゃいますか？」

武蔵野を出たばかりですから、いるはずがありません。いないのは、百も承知です。ですが、「武蔵野の小山から連絡があったことを伝えてください」と伝言を残しておけば、支店長は「武蔵野には、大切な連絡が社長に届く仕組みがある。これだけしっかりしている会社なら、貸出しても大丈夫だ」と思うでしょう。

定性情報を提示できれば、赤字でもお金は借りられる

「クボデラ有限会社」（窪寺伸浩社長）が赤字のときに、ある地銀に「5000万円の短期借入れ」をお願いしたところ、断られました。

窪寺社長は武蔵野の経営サポートパートナー会員なので、私は業務改善の進捗状況を把握していますし、定性情報も持っています。

そこで私は、その地銀に掛け合って、次のような話をしました。

「この会社はいろいろと業務改善を進めているし、隠し財産があるから大丈夫（笑）。だから、短期で貸してくれませんか？」

すると、稟議が通りました。私はこの地銀に何社も会社を紹介しており、地銀側も、「小山昇の指導を受けている会社では、過去14年間、1社も倒産していない」ことを知っている。そして、「小山が言うのだから、業務改善は進んでいるのだろう」と信じてくれたわけです。定量データだけでは借りられませんでしたが、私が定性データを提出したことで、融資してもらえるようになりました。

「クボデラ」では、まず短期で5000万円を借り、きちんと返済をして実績をつくったので、それ以降は、長期で借りています。

銀行は、赤字だから貸さないのではありません。「貸しても大丈夫だ」という定性情報があれば、貸してくれる。

今はしっかり経常利益を出す会社に変わりました。

「コトブキ製紙株式会社」の武藤泰輔社長も、定性情報の重みを感じているひとりです。武藤社長が2カ月ほど入院をしたとき、メイン銀行だけが入院に気づき、お見舞いに来てくれた。さらに、本店営業部の部長（取締役）までもがお見舞いに来てくれました。

「浮き沈みのある業界（古紙によるトイレットペーパーやちり紙の製造）なので、数字がいいときばかりではないが、それでも『苦しいときは手を貸します』と銀行が言ってくれるのは、定性情報を見てくれているからではないでしょうか」（武藤社長）

同社は、環境整備や経営計画発表会の開催を徹底することで、社員の価値観が揃い、同じ方向を向くことができています。「価値観が揃っている」ことに対する銀行の評価は高い。だから銀行は手を貸してくれるのです。

第2章

赤字の会社でも、融資を引き出す方法がある

銀行を自社の「チェック機関」にする

1行も融資が下りない新規事業は、やってはいけない

私は、銀行を自社のチェック機関として活用しています。銀行は常に「その事業が伸びるか」「融資しても大丈夫か」を考えています。

だから私は、銀行に客観的な判断を仰ぎます。銀行に融資を申し込んで「全行貸してくれない」ときは、その事業をやめる。「自社を変えるチャンス」と建設的に考えて、ギアを入れ替えたり、ブレーキを踏んだりして、現状路線で進むのです。

20年以上前のことです。半期が終わって収支計算をしたところ、売上は118%伸びていたのに、人件費や経費がかさんで、赤字になっていた。私は銀行を訪問し、各行に武蔵

野の現状を伝えた。

「このまま伸びると、125%まで成長します。来期もお金を貸してくれますか?」

ところが、各行の返事は、すべて「NO」でした。このまま成長すれば、経費や在庫が増え、資金繰りが苦しくなると銀行は予想したからです。

私は各行の判断を受け止め、新規事業への投資を縮小。さらに営業所の統合閉鎖を行い、かろうじて利益を出した。その結果、再び融資が行われるようになりました。


私はよく、経営サポートパートナー会員の社長から、「新規のプロジェクトに投資したい」と相談を受けます。その際、「銀行が1行でも貸してくれるなら、やりなさい。1行も貸してくれないなら、やめなさい」と答えます。銀行は、採算が合わないことにはお金を貸してくれない。1行も貸してくれないとすれば、その事業は見込みがない証拠です。

とくに、商工中金や日本政策金融公庫といった政府系金融機関は、審査が厳しい。企業の資金繰りを丸裸にしたうえで融資審査を行うため、簡単には融資が受けられません。

ですが見方を変えれば、政府系金融機関から融資を受けることができれば、その会社(あるいはその事業)は、「見込みがある」ということです。

どの支店、どの支店長とつき合うかで、会社の命運が左右される

近くの支店より、決済額の大きな支店を選ぶ

多くの社長が、「会社の近くにある支店」から融資を引き出そうとしますが、私は違う。会社から遠くても、「支店長の決裁権（支店長決裁の額）が大きい支店」と取引をします。

「A銀行」と「B銀行」が統合して、「AB銀行」が誕生したとき、武蔵野本社に近い吉祥寺支店ではなく、「新宿支店」をわざわざ選んだのも、「決裁額が大きかったから」です。

銀行は、店舗によって役割が違います。お金を「集める」ことを主とした店舗もあれば、お金を「貸す」ことを主とした店舗もある。管理畑の行員が箔《はく》をつけるために配属される支店もあります。ある都銀の小金井支店や地銀の松戸支店です。これらの支店は本部から

来て、本部に戻るので、それなりの成績が約束されています。当然、支店ごとの決済額も違います。

副支店長から昇進した支店長の決裁額が5000万円だとすると、支店長を歴任した人が着任する支店の決済額は、その倍（1億円）にはなる（絶対にそうだ、と言い切ることはできませんが、その可能性が大きい）。

だとすれば、7000万円の借入れが必要なら、1億円の決済額を持つ支店と取引をしたほうが、資金を調達しやすい。

支店の決裁額がわからなかったとき、私は融資担当者に「ところで、いくらなのですか？」と聞いたことがあります。担当者は教えたがりませんでしたが、私は、金額を聞き出すまで、書類に判子を押さなかった（笑）。すると担当者も早く書類を持って支店に戻りたいので、「うちは5000万円です」と教えてくれました。

現在、「X銀行」と「Y銀行」は、経営統合に向けた協議・検討を進めています。武蔵野は「X銀行小金井支店」と取引がありますが、この統合を機に、Y銀行とも取引をすることにしました。

そこで私は、すでにY銀行と取引をしている**「池田ピアノ運送株式会社」**の池田輝男社長（武蔵野がコンサルティングを行っている経営サポートパートナー会員のひとり）に、次のようなお願いをしました。

「池田ピアノの担当支店の支店長に電話をして、『お客様を紹介するから』と言ってもらえませんか。ただし、紹介先は新宿支店にしてください」

どうして、「新宿支店」なのか。都内への進出に意欲的なY銀行であれば、新宿支店の決裁額が大きいことが予想されるからです。

なお、経営統合にあたっては、どちらの銀行が主流になるかを見極めることも必要です。X銀行とY銀行どちらにも口座があった場合、統合にあたっては、どちらかの支店の口座しか残せない。選んだ銀行が主流になるかどうかも、貸出額に大きな影響を及ぼします。

支店長に嫌われたら、融資は受けられない

武蔵野は、2006年6月時点で、A銀行からの借入れが4億3460万円ありました。

ところが、資金回収の申し出があり（実態は貸し剥がし）、返済に応じた。

残債は、2008年12月に5800万円、2009年12月には840万円まで減り、こ

の間に、A銀行からの追加融資は一切ありません（貸し渋り）。

貸し剥がしも貸し渋りも、わが社の業績が悪かったことが原因ではありません。支店長が交代したからです。前任のB支店長は、わが社の経営計画に好意的で、安い金利でたくさん貸してくださいました。

しかし、新任のC支店長は、「武蔵野には、貸さない」という決定をした。C支店長の実力では、前任者のような安い金利で稟議を通すことができなかったのだと思います。C支店長は、自分の実力がB支店長に及ばないことを知り、B支店長に嫉妬した。その嫉妬の矛先が武蔵野に向けられたわけです（C支店長が去ったあとで、この事実を行員のひとりから明かされました）。

銀行は、支店長が絶大な権限を持っています。たとえば、A支店長が「お金を貸します」と約束をしてくれたとしましょう。本店稟議（支店の決裁権限を超える審査）の決済も受け、借入証書も届いた。あとは融資が実行されるのを待つだけです。

ところが、融資の実行直前になって支店長が交代し、あろうことか、新任のB支店長が「貸さない」と言い出した。この場合、融資を受けられると思いますか？　A支店長とB支店長、どちらの決定が優先されると思いますか？

融資は、行われません。本店の稟議が通っても、現任者であるB支店長の決定が優先されます。

融資の決裁が下りても、入金されるまでは信用してはならない。「お金の顔」を見るまでは、手放しで喜んではいけない。直前になって、融資が受けられなくなることもある。ですから、銀行が「融資をしますよ」と言ったときは、すぐに対応しないといけないのです。

「金利がもったいない」と考えていると、会社は成長しない

目先の金利よりも、借りられる「額」に目を向ける

多くの社長が、「銀行に金利を払うのはもったいない」と言います。ですが私は、銀行に金利を払ってでも、

「額をたくさん持っていること」

「たくさんのお金を借りること」

のほうが大事だと考えています。今の武蔵野があるのは、目先の金利にとらわれなかったから。金利が高くてもお金を借り、そのお金を使って会社を成長させてきたからです。

経営は、率ではなく、額です。一般的に「自己資本比率が大きい会社ほど、安全である」

と言われていますが、本当にそうでしょうか？

武蔵野は、自己資本比率（返済不要の自己資本が全体の資本調達の何％あるかを示す数値）が非常に低い会社です。一方で、流動比率は高い。なぜかといえば、借入れをたくさんして現金を持っているからです。

◉流動比率

……流動資産（現金預金や受取手形など、短期間で現金化できる資産）と流動負債（支払手形や短期借入金など、1年以内に返済すべき負債）の割合を示す比率です。この数字が大きいほど、短期的な資金繰りに余裕があることになります（一般的には130以上）。

借入れした分を返済すれば、自己資本比率は高くなります。そのかわり、現金を持たないから体質が弱くなる。だから私は、自己資本比率が低くなっても、借金を完済することはありません（借金の総額と同等以上の現金・普通預金を保有しているので、武蔵野は実質無借金経営です）。

多くの会社が、1.2%~1.5%の金利で借りている時代に、わが社は、2.7%の金利でお金を借りていました。倍近い金利です。

ですがその年度、武蔵野は会社がはじまって以来の増収増益になりました。反対に、「金利がもったいない」と言って融資を受けなかった会社の多くが、業績を落としました。

高い金利で借りて業績を伸ばす社長と、安い金利で借りて(または借入れをしないで)業績を落とす社長では、どちらが優秀な社長ですか?

前者に決まっています。

経営にとって大切なのは、規模の拡大です。

規模の拡大とは、すなわち、お客様の数を増やすことです。金利は高くてもいいからたくさん借りる。借りたお金はお客様を増やすため、あるいは、ライバルとの差をつけるために投入するのが正しい。

お金を借り、規模を拡大して、お客様に喜ばれて、結果として売上が上がって、利益が出る。このサイクルを繰り返していくこと以外に、会社は成長しません。金利は、会社を成長させるための必要経費と考えるべきです。

借入れは、節税対策にもなる

人件費と金利、もったいないのはどっち？

多くの社長は、「人件費は必要なお金だが、金利は無駄なお金だ」と考えています。ですが、その考え方は単眼的です。

A社長とB社長が、どちらも「経理業務をもっと効率良くしたい」と望んだとします。

A社長は「借入れは悪。金利は無駄金」と考えるタイプ。B社長は「借入れは善。金利は必要経費」と考えるタイプです。

A社長はこう考えました。

「経理経験者を新しく採用しよう」

一方、Ｂ社長はこう考えました。

「経理に詳しくない社員が、ひとりでも経理業務を行えるシステムを導入しよう」

Ａ社長は、経理経験者をひとり採用しました。社員をひとり増やすと、年間最低でも「４００万円」の人件費がかかります。しかも毎年です。

Ｂ社長は、銀行に「５０００万円」の借入れをして、経理システムを導入しました。５０００万円借りるために銀行に支払う金利は、「50万円」でした。

Ａ社長は、年間４００万円の人件費を払って、経理経験者をひとり採用した。

Ｂ社長は、50万円の金利を払って５０００万円借入れ、年間１００万円のパートタイマーが経理業務をできるシステムをつくった。経理経験者ひとりに仕事を委ねるわけではないので、不正もおきにくい。システムの減価償却費を含めても安い。

人を採用するのに４００万円支払うことになっても、もったいないとは思わない。けれど、銀行に50万円支払うのはもったいないと思う。これが多くの社長の認識です。

ですが、実際には「多くのお金を集め、社内の業務改善が進む」のですから、金利を払うことは損ではなく、むしろ「得」です。つまり、A社長よりB社長のほうが経営者としては優秀です。


X社、Y社の利益が、いずれも「2000万円」だったとします（83ページ図参照）。

X社長は、税金を1000万円支払い、残った1000万円を定期預金に預けました。


Y社長は、2000万円のうち、1000万円を銀行への金利として使い、残った1000万円の半分、500万円を税金として支払います。

そうするとY社の実力なら、1000万円の金利を払うと、「5億円」の融資を受けることが可能です。残ったお金と借入額を合算すると、Y社は「5億500万円」のお金を持つことになります。そして、その5億500万円を使って、「お客様の数が増えること」「社員教育」「インフラの整備」など、会社の未来に投資をしました。

X社長とY社長、どちらが会社を成長させることができますか？

借入れは節税になる

X社：借入れしない会社

利益 2,000万円 → 税金 1,000万円

Y社：借入れする会社

利益 2,000万円 − 支払金利 1,000万円（融資 5億円）→ 税金 500万円

➡借入れしたほうが500万円の節税になる

Y社長ですよね。

金利を払ってでも融資を受け、会社の現預金を増やし、規模を拡大する。借入れがなければ、会社を成長させることはできません。

また、金利を支払うことで、納税額が少なくなっているのもポイントです。つまり、「借入れは節税」だと考えることもできるのです。

資金に余裕があっても、繰り上げ返済をしてはいけない

約束した通りに返済するのが借入れのルール

「金利が高くても、返済期間は長く」が借入れの基本方針です。ですが多くの社長は「金利は安く、返済期間は短く」しているから、資金繰りが苦しくなります。

「借金は悪」「金利はもったいない」「銀行は敵」と考えている社長は、借入れをすると「繰り上げ返済をしたい」「リスケ（リスケジュール）をしたい」と考えます。

ですが、資金に余裕があっても、繰り上げ返済をしてはいけません。なぜなら、繰り上げ返済をすると銀行が損をするからです。

「早くお金を返したほうが、銀行にもメリットがあるのでは？」と思われるかもしれませ

んが、その考えは逆です。

銀行が融資をする際、「この会社にこれだけのお金を貸すと、これだけの金利が得られる」という「期限の利益」をあらかじめ計算しています。ですから、期限より前に返済されると、利益が少なくなってしまう。

赤字のときはリスクがあるから、どうしても金利が高くなる。ところが業績が良くなったとたんに、「高い金利を払うのは損だ」と多くの社長が考えます。

経営サポートパートナー会員の社長から「何とか金利を安くする方法はありませんか？」と相談をされたとき、私は、次のように答えています。

「銀行は、あなたの会社が危ないときでもお金を貸してくれましたよね。それなのに、あなたが自分の都合で『金利を安くしてくれ』と言うのは、恩を仇で返すのと同じですよ」

会社と銀行はビジネスパートナーなのですから、わが社の都合で、繰り上げ返済はしてはいけません。約束した通りに返済するのがルールです。

銀行から返済要求があった場合は繰り上げ返済をしてもかまいませんが、そのときは他行からの借入れを増やしておく。そうしないと、お金が回らなくなります。

業務改善をしなければ、リスケをしても倒産する

借りた額の半分くらいを返したら、銀行に「折り返し」でもう一度借りることが大切です（返済した範囲内でもう一度借りることを折り返し融資と言います）。

たとえば、「5000万円を期間5年」で借りていて、3年で2500万円返済したとします。そのときはもう一度「2500万円」を借りて、そこからあらたに5年の長期融資をしてもらいます。

この場合は、繰り上げ返済になりません。なぜかというと、銀行からしてみれば、貸出金額と金利が増えるからです。

経営サポートパートナー会員のC社は、「銀行からの借入総額が5億7000万円、返済金額は毎月1700万円」（取引のある銀行数は、11行の23契約）でしたが、現在の返済金額は、「毎月21万円」です。

銀行がリスケに応じてくれたのは、C社の社長が「経営計画を見直して、厳しい経営に踏み出すことを決めたから」です。

返済期間を伸ばしても、その間に業務改善が見込めなければ、銀行はリスケに応じてくれません。何も変わらない会社は、遅かれ早かれ倒産します。

業務改善をするうえで、もっとも大切なのは、社員教育です。今の日本の産業は、「約8割がサービス業」です。サービス業は、ライバルとの差別化がむずかしい。自社が売れる商品を持っていても、ライバルが同じものを仕入れたら同位置に並ばれてしまいます。ではどこで差別化するのか？　社員しかありません。

銀行からお金を借りて、社員教育をする。人の成長なくして、会社の成長はありえません。

C社は、社員教育に力を入れることを決定した。この決定が銀行に認められ、「返済期間を長くして、返済金額を少なくする」ことができたのです。

金利を安くできても、定期預金を預けていると意味がない？

ジッキン（実質金利）の仕組みがわかっていないと損をする

仮に借入れの金利を安くできたとしても、借りたお金の一部を「定期預金」にしていると、実質金利は高くなります。

◉実質金利（ジッキン）

……実際に支払う金利。実質的な金利負担を実質的な借入残高で割れば計算できます。

かつて銀行には、「歩積両建《ぶづみりょうだて》」がありました。

実質金利（ジッキン）の仕組み

計算式

（支払利子＋割引利子－受取利子）÷（借入金＋割引手形－固定預金）×100

例 借入金：2,000、固定預金：1,000、
支払金利：10％（年利）、受取金利：5％（年利）の会社の実質金利は…

（200－50）÷（2,000－1,000）×100＝ 実質金利 **15％**

借入れを500増やすと…

（250－50）÷（2,500－1,000）×100＝ 実質金利 **13.3％**

固定預金を250増やすと…

（200－62.5）÷（2,000－1,250）×100＝ 実質金利 **18.3％**

➡お金を借りれば借りるほど金利は安くなり、預金をすればするほど金利は高くなる

貸したお金の一部を定期預金として預けさせる仕組みです。現在は禁止されていますが、それでも銀行は「金利は安くするので、そのかわり定期預金をしてほしい」と言外に匂わすことがあります。

定期預金の年利は、支払金利よりも低いので、実際の金利は高くなります。ですが、多くの社長は、このカラクリに気づいていません。

定期預金は1本にまとめず、何本かに分けて持つ

定期預金をすることになったら、「何本かに分けておく」のが基本です。

1億円を定期預金にするとき、「1億円を1本の定期預金」にまとめる社長が多い。そのほうが手間は省けるし、長期で預ければ利息がいいからです。

ですが、定期預金を1本にまとめる社長は、損をします。

お金が足りなくなって、「2500万円」を借りる際、「1億円の定期預金」を担保に取られたとします。すると無知な社長は、こう考える。

定期預金は1本にしない

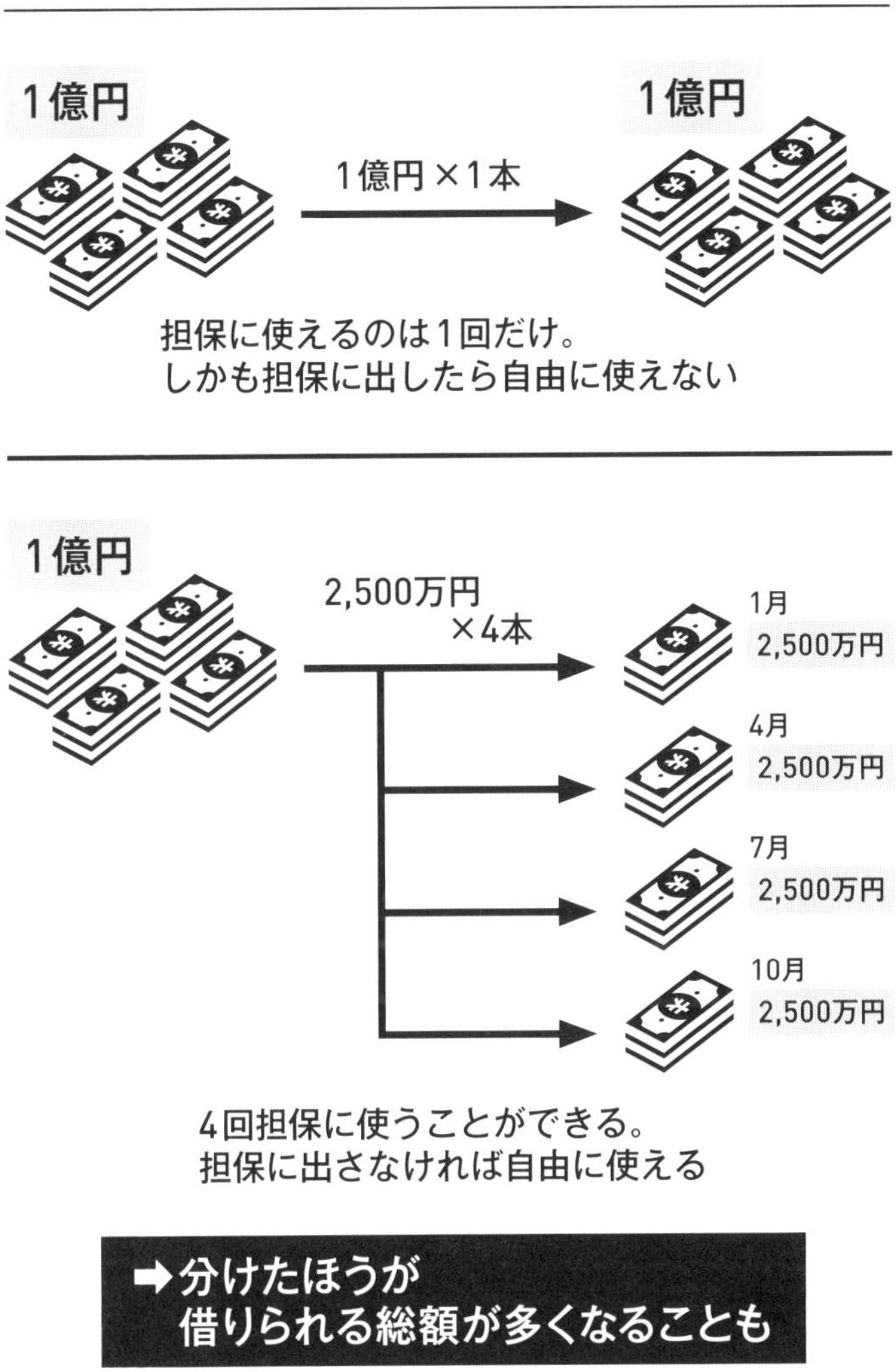
1億円
1億円×1本
1億円
担保に使えるのは1回だけ。
しかも担保に出したら自由に使えない
1億円
2,500万円
×4本
1月
2,500万円
4月
2,500万円
7月
2,500万円
10月
2,500万円
4回担保に使うことができる。
担保に出さなければ自由に使える
➡分けたほうが
借りられる総額が多くなることも

「1億円を担保に入れているのだから、あと7500万円借りられる」

ですが、この1億円は銀行に拘束されているため、2500万円の担保価値しかありません。つまり、7500万円借りることはできない。

1億円を定期預金にするときは、「1億円1本」にしてはいけません。

「2500万円×4本の定期預金」

に分けるほうが安全です（しかも、4本の定期預金を1月、4月、7月、10月と時期を分けて、それぞれ1年定期で持つ）。

そうしておけば、1本を担保に差し出しても、残りの3本は自由に使えますし、追加で資金が必要になったら、残りの定期預金を担保にしてお金を借りることができます。

また、2500万円の定期預金を担保にすれば、5000万円〜6000万円くらいまで借りることができます。

無知な社長と銀行を知り尽くしている社長では、同じことをやっていても、結果が大きく違うのです。

新規銀行の「飛び込み営業」は、三顧の礼で迎えるのが正しい

新規銀行と取引銀行を競争させて、自社に有利な条件を引き出す

取引のなかった新規の銀行が「御社に融資をしたい」と飛び込み営業に来ることがあります。このとき、借入れの予定がなくても追い返してはいけません。

飛び込み営業といっても、あてもなくやって来たわけではありません。銀行には、元支店長経験者などで構成された調査セクションがあり、「この会社なら、貸しても大丈夫だ」と調べたうえで飛び込んできます。

ですから、三顧の礼で迎えるのが正しい（電話のアポイントがあったときは、面会の約束をするのが正しい）。

「よくおいでくださいました」と迎え入れて、コーヒーやお茶を出し、もてなします。

そして、よく話を聞いて、最後に「融資の提案書」（金融機関名、融資額、期間、金利、担保などの条件、月々の返済額が具体的な数字で書いてある書類）をお願いします。

提案書を受け取ったら、今度は、おつき合いのある「取引銀行」に渡します。新規銀行と取引銀行を競わせるためです。

新規銀行は、「取引をしたい」という思いから、金利を下げるなど、良い条件を提示している。そこで、取引銀行の担当者にこう言います。

「新規の銀行が来て、こういう提案書を置いていったのですが、どうしたらいいですか？」

すると担当者は、「うちが（その提案書よりもいい条件で）貸そう」と考える。他行が貸すつもりなのに自行が貸し渋れば、お客様に逃げられてしまいます。

銀行同士を競わせると、「心証を悪くするのではないか」「融資を打ち切られるのではないか」「担当者を怒らせてしまうのではないか」と心配する社長がいます。

そんなことはありません。むしろ逆です。他行の提案書を渡したほうが支店は喜びます。

他行の提案書は、その会社を客観的に判断するための資料になります。本店の審査部が「貸しても大丈夫だが、不安が残る」と迷っているときに、他行からの提案書が稟議書に添付されていれば、「あの銀行も貸すと判断したなら、うちも貸そう」と判断できる。

銀行の各支店にはノルマがあるため、貸せるものなら貸したい。本店の稟議を通したいと思っているので、他行からの提案書（稟議を通すための説得材料）を渡すことは、結果的に支店長（担当者）を応援することになります。

新規の銀行から、「決算書を3期分見せてください」「関連会社の決算書も見せてください」と言われたら、「貸す気がある」ということです。

なぜ「3期分」なのかというと、不正を見抜くため。1期2期なら粉飾決算できますが、3期連続粉飾は大変です。

なかには、社長の給料を減らして黒字に見せかける社長もいますが、別表に記載された「役員報酬」を3期分連続で見れば、見抜けます。

頭取の来社は、すべての予定に優先する

銀行は、専務や常務といった各役員が定期的にお客様を訪問します。そのとき、数年に一度、頭取がお見えになることがあります。

頭取が来ることがわかったら、社長はできるかぎりお迎えしたほうがいい。なぜなら、「頭取銘柄」になるチャンスだからです。頭取が来るのは、支店長が「この地域でナンバーワンの会社」と認めて、頭取に訪問を勧めたからです。

そして銀行には、「頭取が訪問した会社は倒産させない」という暗黙のルールがあります。つまり、頭取銘柄になれば、「借入れに困らなくなる」ということです。

かつて武蔵野のメインバンクから、「当行の頭取がご挨拶にうかがいたいそうです」と連絡がありました。ところが私には、日程を動かせない予定が入っていた。そこで、私は支店長に、「武蔵野の代わりに、**『アポロ管財株式会社』**（橋本真紀夫社長）はどうですか」と薦めた。その後、アポロ管財は「頭取銘柄」となりました。

この話には後日談があります。

わが社は、メインバンクにとって大切な取引先です。貸出額もその支店でナンバーワン。給振口座（給与振込口座）も持っていました。

ところが、その銀行の支店長が交代することになったとき、わが社よりも先にアポロ管財に連絡がいきました。頭取銘柄は、貸出額以上に優先される、ということです。

頭取が来ることがわかったら、社長は何が何でもお迎えする。「頭取銘柄」になれる機会は何度もありません。武蔵野が頭取をお迎えできたのは、Z銀行だけです。

給与振込口座も銀行との交渉材料になる

給与振込口座を失うことは、銀行にとって大きな痛手

わが社では、社員の給与振込口座（給振口座）を統一しています。武蔵野の入社条件のひとつは、「会社が指定した銀行の支店に、自分で口座を開設してくること」です。

統一している理由は、給振口座が銀行との交渉材料になるからです。

銀行の儲けの源泉は、おもに「２つ」です。

①お金を貸し、融資額と期間に応じた金利をもらう

②提供したサービスに応じた手数料をもらう

社員が、給振口座のある銀行で定期預金、クレジットカード決済、キャッシュカードでの引き出しや振込、公共料金の引き落としをすれば、手数料はかなりの金額になります。ある銀行の元常務は、「給振口座が一度に500口座以上なくなったら、その支店長は、確実に左遷になる」と言っていました。それほど、給振口座は影響力があります。

K社長はかつて、給振口座を説得材料に、証書を返してもらったことがあります。「証書を返していただけないのなら、そちらの銀行との取引をやめさせていただきます」当時、K社の従業員は、620人でした。620人分の給振口座がなくなれば、膨大な額の手数料収入が入らなくなります。支店長は左遷させられる。だから銀行は、K社長に証書を返したのです（給振口座以外に、定期預金の解約もちらつかせたそうです）。

「アポロ管財株式会社」の橋本真紀夫社長は、社員に1万円を渡して口座をつくらせていました。それによって同じ銀行の支店に全社員の口座ができました。銀行にとって給振口座を失うことは大きな痛手であり、反対に、給振口座を獲得することは、大きなメリットになります。

「手形貸付」ではなく「証書貸付」でお金を借りる

「待った」がきかない手形貸付は、キケン！

銀行の融資には、「手形貸付」と「証書貸付」があります。

◉手形貸付

……銀行に対して、約束手形を振り出す形式の融資です。具体的には、手形の受取人が○○銀行で、振出人が○○会社になります。原則、1年以内に返済する短期借入金になります。約束手形には支払期日・金額といった条件が記載されており、期日に返済をする法的拘束力があります。証書貸付に比べ、「収入印紙」が安く済みます。

◉証書貸付

……融資条件（金額、返済条件、金利等）を記載した「金銭消費貸借契約証書」という契約書に判子を押して融資を受けます。1年を超える期間の融資に使われ、毎月分割で返済するのが一般的です。手形貸付に比べ、「収入印紙」が高くなります。

無知な社長は、「印紙税を安くしたい」との理由で、「手形貸付」にします。

以前、「500万の手形を30本持っている」というA社を指導したことがあります。当時、この会社の格付けの点数は、「2点」でした。格付けが「2」なのではありません。定量要因計129点満点中の2点です（45ページ参照）。いつ倒産してもおかしくない状態です。

さすがの私も血の気が引いた。「どうしてこんなに手形貸付があるのか」を聞くと、社長はこう答えました。「印紙代がもったいないから」。

印紙代をケチったために会社が潰れたほうが、よほどもったいない。

この社長は、手形の怖さがわかっていません。手形は、期日が来て取り立てに回されると、不渡りになります（期日に資金が足りず、振り出した手形の決済ができない状況。6カ月以内に2度の不渡りを出すと「銀行取引停止」の処分を受け、実質上は倒産する）。

手形貸付は、「手形用紙に金額を書いて、判子を押せば資金になる」ため資金調達は容易ですが、法的拘束力があるため、期日に落とせないと「待った」ができません。

一方、証書貸付であれば、支払い期日に現金がなくても会社は潰れません。期日を過ぎても返済さえできれば「待った」がきく。支払利子が足りなければ「利子分だけ貸してください！　○日には入金があります！」とお願いして借りることもできます。

会社が倒産するのは、「赤字だから」ではありません。赤字でもお金を回せていれば倒産はしない。けれど、黒字でも、手形を1円でも落とせなければ、倒産します。

ちなみに、「定量要因計2点」だったA社は、トップ営業に力を入れるなど、業務改善を進めた結果、現在は安定経営に転換しています。

証書のコピーを取ったほうがいい「3つ」の理由

支払いが終わったあと、銀行は借入証書を返してくれるでしょうか。黙っていると、返してもらえません。なぜなら、ライバル銀行にお客様を取られないようにするためです。

ですから、お客様から「証書を返してほしい」と言われるまで銀行は返しません。

私もかつて、ある都銀に「証書を返してください」と請求したことがありますが、返していただいたのは、半年後でした。

私は経理の担当者に「融資を受けるときは、証書のコピーを取りなさい」と指示します。コピーを取る理由は、次の「3つ」です。

理由①……コピーを取っておかないと、どのような内容でサインをしたのか、わからなくなるため

理由②……コピーを取る会社は、「この会社はしっかりしている」と銀行からの評価が上がるため（コピーを取らない会社は「ずさんな会社」と思われ、金利が高くなることもある）

理由③……万が一、銀行と裁判を起こすような事態になったときの証拠とするため

自動車を買うと、証書の控えをもらいます。けれど銀行からお金を借りても、証書の控えをもらいません。これは、おかしい。自社の評価を上げるためにも、証書のコピーは取っておくべきです。

受取手形を受け取ったら、割引かないでじっと持つ

受取手形を割引くと、リスクが増える

武蔵野は、支払手形だけでなく、受取手形も受け取りません。以前、取引先から「30万円以上は手形で支払いたい」と要求されたときがあります。私は「わが社は、手形は受け取らないのが方針です。あなたの会社は信用しても、支払手形は信用していません」とお断りしました。

先方は、「うちの支払手形が信用できないのか！」と腹を立て、その場で取引停止です（笑）。ですが、取引停止から3年後、その会社は倒産しました。

今日が8月10日で、A社から受け取った受取手形の支払期日が2カ月先の10月10日とします。ですが、手元に現金がなかったため、期日より1カ月前の9月10日に銀行で割引をしてもらうことにした。このときは、受取手形を担保にしてお金を借りることになります(銀行に割引料を取られる)。

ところが、10月10日を待たず、手形の振出人(A社)が倒産してしまった場合はどうなるでしょう?

銀行は手形金を回収できません。そうなると、手形を割引いてもらった側(自社)が、手形を買い戻さなければならないのです。万が一相手の会社が倒産したとき、自社に受取手形を買い戻す力がないと、共倒れになってしまう危険がある。

受取手形をもらったときに、いちばん安全なのは、「そのままじっと持っている」ことです。そして、期日になったら銀行に回収してもらう(取り立ててもらう)。

また、持っていれば、回し手形(受け取った手形を、自分の仕入先などへの支払にあてるために裏書譲渡する)にもできます。

取引銀行の数は「都市銀行1、地方銀行1、信用金庫1、政府系金融機関1」が基本

「1行主義」は危険。各行からバランスよく借りる

取引する銀行を1行に絞ってはいけません。

以前、ある社長は「うちは、取引のある地銀1行だけで十分。支店長とも仲がいいし」と豪語していましたが、業績が落ちて、取引銀行からの融資が受けられなくなったとたん、倒産しました。

武蔵野が都銀の貸し剥がしにあっても倒産せずに済んだのは、地銀や信金からの融資で対応できたからです。1行としか取引をしていなければ、耐えきれなかったと思います。

では、中小企業は、何行とつき合うのがベストでしょうか。

中小企業の場合は
「都市銀行1、地方銀行1、信用金庫1、政府系金融機関1」
の割合が基本だと私は考えています。取引銀行を選ぶときのポイントは、次の「7つ」
です。

ポイント① 売上が5億円以下なら、都銀は1行

……売上が5億円以下の会社なら、都銀は1行でかまいません。売上が1億円、2億円の
会社であれば、無理して都銀とつき合わず、地銀や信金をメインバンクにします。

【メインバンクの定義】

定義①……会社が存続の危機に陥ったときに支えてくれる銀行。「給与振込の口座がある銀行」や「売上入金用の口座がある銀行」ではない

定義②……プロパーでいちばんお金を貸してくれる銀行。しかも、個人保証をしない、担保をつけないのが条件

※プロパーとは、銀行が100％自己責任で事業資金を貸し出してくれる融資のこと。

信用保証協会付きの融資はプロパーではない。

ただし、自社の規模や成長に応じて、軸足を変える（メインバンクを変えるなど、取引する銀行のバランスを変える）必要があります。

私の経験上、融資に積極的な「攻めタイプ」の支店長が2期続くと、3期目は融資に消極的な「守りタイプ」が着任する気がします。守りタイプの支店長に変わったときは、メインバンクを変えるチャンスです。「おたくが貸さなくなったので、変えます」という理由が成り立つからです。

メインバンクを変えるときは、急ぎ過ぎてはいけません。銀行は取引の「歴史」や「取引の長さ」を重要視します。銀行と会社は、持ちつ持たれつの関係で、自社の都合だけで変えてはいけない。「メインバンクは頻繁に変えない」のが基本です。

ポイント②　売上が5億円以下なら、「信金」がないとダメ

……信金は金利が高いのですが、都銀に比べると途中でハシゴを外すことはありません。地域経済の発展を支えるという命題がある以上、そう簡単に見捨てたりはしません。金利が高くても、私は「会社を守るための必要経費」だと考え、信金を頼りにしていま

す。

ポイント③　銀行は「横並び」なので、融資額を増やすことができる

……ひとつの銀行で、ひとつの会社に貸出できる金額は、おおよそ決まっています。仮に、「この会社に貸出せるのは1億円」と判断されたならば、それ以上、この銀行から借入れすることはできません。

ところが、銀行は横並びですから、「A行が1億円貸しているのなら、うちも5000万円くらい貸してもいいかな」とB行も、C行も考える。A行だけでは1億円しか借りられませんが、B行ともC行とも取引をすれば、合計で2億円調達することができます。

ポイント④　メインバンクからの借入れは、全体の55％以内に留める

……3行から融資を受けるなら、1行からたくさん借りずに、バランスよく借入れます。

1億円借りるのに、A銀行9000万円、B銀行500万円、C銀行500万円の割合で借りてしまうと、A銀行から借りたのと変わりません。メインバンクからの借入れを、全体の55％以内に留めるようにします（私の経験上、適正は35％以内）。

ポイント⑤　政府系金融機関は自社のチェック機関にふさわしい

……商工中金や日本政策金融公庫といった政府系金融機関は、審査が厳しい分、政府系金融機関から融資を受けることができれば、その会社は「見込みがある」と判断されたと同じです。

銀行は横並びなので、政府系金融機関から借入れできれば、地銀や信金からの融資が受けやすくなります。

ポイント⑥　担保の価値が銀行によって変わる

……土地の担保価値は、銀行によって変わります。このことを、多くの社長は知りません。土地に1億円の担保価値があったなら、平均すると、

- 都銀…7000万円（0．7倍）
- 地銀…1億5000万円（1．5倍）
- 第二地銀／信金…2億円（2倍）

まで貸してくれます（逆に金利は高くなります）。

中小企業が、都銀に軸足を置いた経営をしていると、担保価値から考えても得策ではないことがわかります。

ポイント⑦　決裁額の大きな支店を選ぶ

……支店長（支店）の格を見分けるには、

「以前は、どこの支店の支店長をしていたのですか？」

と聞くのが手っ取り早い。副支店長から昇格した支店長より、支店長経験者の支店のほうが決裁額が大きい傾向にあります。

また、経験上、各駅停車しか止まらない駅の支店よりも、ターミナル駅にある支店のほうが決裁額は大きいと思います。

【支店長（支店）の格を見分けるポイント】

- 副支店長からの昇進か、支店長経験者か
- ターミナル駅にある支店か、各駅停車しか止まらない駅の支店か

「決済額の大きな銀行と取引をしたほうがいいのなら、本店とつき合ったほうがいいのではないか」と思うかもしれませんが、それは無理です。

本店が取引するのは、売上が500億円以上の大企業です。増収増益を続ける武蔵野でさえ、まったく相手にされません。

かつて、「うちは、都銀の本店と取引をしている」と吹聴していた中小企業のH社長がいます。会社の規模は小さかったものの、ツテ（コネ）があったようです。私はH社長に言いました。「見栄ばかり張っても、意味がありませんよ」。

私の言葉どおり、1年後には取引がなくなりました。力がないのに本店と取引をしても意味がない。圧倒的な実力差がある以上、「Win-Win」にはなりません。

「都市銀行1、地方銀行1、信用金庫1、政府系金融機関1」を基本に、自社の規模や地域における金融機関の数に応じて、都銀を増やしたり、地銀を増やしたり、信金を増やしていけばいい。武蔵野は、現在、「9行」と取引があります。

なお、自社がその銀行から、どのように評価されているかは、新しい支店長が着任したときにわかります。着任の挨拶に来られたとき、「前任者と挨拶に来たか」（Sランク）「ひとりで来たか」（Aランク）「手紙だけで挨拶を済ませたか」（Bランク）です。

Column

「武蔵野」の
銀行「交渉」の現場から

「貸し剥がし」と「売掛金の増大」で
資金ショート寸前！
武蔵野の社員、高梨昌俊本部長は、
ギリギリの資金繰りを
どのように乗り切ったか。

小山昇から教えられた「たった2つ」のこと

私（高梨昌俊）が経理課長をしていたのは、２００８年７月から２００９年10月まで、約1年３カ月です。それまでの11年間は、ダスキンの配送とお掃除を担当していました。

私は、「経理は専門職である」と思っていたので、どうして私が経理をやることになったのか、今もってその理由はわかりません。あるとき、小山から「高梨さんの経理の異動は7月16日付け。以上」というメールが届いただけ。何の説明もありませんでした（笑）。

前任者の志村明男（現・部長）と簡単な引き継ぎを済ませ、私は何もわからないまま、お金の管理を託されました。

経理に異動するにあたって、小山から言われたことが「2つ」あります。

ひとつは「給料は間違えてはいけない。あとは何を間違えてもかまわない」。

もうひとつは、「半年間は銀行に余計なことを言ってはいけない。銀行に何か聞かれたら、『わかりません』と答えなさい」。

日曜日に床屋さんで髪を切っていたら、その最中にも小山から、「余計なことを言ってはいけない」とメールが入っていました（笑）。この2つは、愚直に守りました。半年間は、銀行から仕入れた情報をそのまま小山に伝えるだけでした。

最初に与えられた仕事は、「毎日、銀行の残高を計算すること」です。エクセルでつくったシートに、銀行への返済額や経費の支払額などを入力します。すると、月末にいくらお金が残るかがシミュレーションできる仕組みです。

入力をしてみると、右下の数字（合計の数字）が、赤くなっている。お金が足りない、というサインです。「800万円の赤字（不足）」でした。

どうして赤字になっているのか、私にはその理由がわからない。そこで、志村にメールを送りました。

「赤くなっています。800万円。どうしたらいいですか？」

志村からの返事を見て、私は非常に動揺しました。

「立て替えといてくれ」

いやいや、冗談でしょう？　何を言っているんだ、この人は……。返信の内容が理解できず、しばらく携帯の画面から目が離せませんでした。

ようは、「それをなんとかするのが経理の仕事」ということです。

経理の仕事は、「出て行くお金」は100％計算できますが、「入って来るお金」は相手がいるので計算ができません。とくに武蔵野の場合は、請求業務は別組織が行っていました。だから、入って来るお金がいくらあるのか、想像ができなかったわけです。

1、2カ月経って、ようやく、「この日にはいくら入金がある」「ダスキン事業は現金取引のお客様が多いので、毎日入金がある」ということがわかってきました。

1万円札にお祈りする日々

私が経理に就いた2008年は、極度の資金不足に陥っていました。某都銀から、5億円近い貸し剥がしにあっていたからです。それともうひとつ資金繰りを圧迫していたのが、経営サポート事業部（中小企業の経営コンサルティングをする事業部）の売掛金です。

私が経理を担当していた時期に、経営サポートパートナー会員の数は、200社から4

00社に伸びていました。

当時、セミナー代金は「あとから」いただいていたので、実践経営塾の宿泊費、会場費、懇親会費といった経費は、「お金が入っていないのに、武蔵野が先に支払う」ことになる。これでは、お金が足りなくなります。

具体的には、売掛金が「5億4000万円」ありました。会員数がどんどん増えていましたから、P／L上の数字は黒字ですが、資金繰りはラクにはなりません。

当時、社員の給料を支払うのに約4500万円（25日支給）必要で、それ以外にも月末の支払いが約6000万円ありましたから、25日から月末までの間に、1億円以上のお金がなければいけません。

ところが、毎月、残高は3000万円ほどしかなかったんです。

毎月、毎月、お金が足りません。31日にお客様から入金があると、それを右から左へ銀行に移動していくという綱渡りです。

銀行からも、「資金が○○○万円足りないのですが、どうなっていますか？」と電話が頻繁にかかってきました。そんな状況が3、4カ月は続いたと思います。

毎月月末になると、私はキーボードの前に1万円札をかざして、お祈りしてからパソコンを立ち上げていました。「残高がいっぱいありますように」と（笑）。

まさかの大失敗！　見知らぬ人に600万円を振り込む！

そんなとき、私が大きな失敗をやらかしてしまいました。

「見ず知らずの人に600万円振り込んでしまった」のです。

銀行とのやりとりは電子化されていたので、現金を見なくても、クリックひとつでお金が飛んでいきます。当時はまだ、今ほどセキュリティーが強化されていませんし、私もあまり確認をしないまま、まったく知らない人にお金を振り込んでしまいました。

慌てて志村に連絡をすると、「とりあえず小山さんに報告しろ」と怒られ、急いで小山にボイスメールを送ると、

「バカ」

とだけ返信がありました（笑）。

私がうろたえていると、滝石洋子（現・常務取締役）がニコニコしながら私のところにやってきて、いきなり握手をしてきたんです。「よくやった」って（笑）。

こっちは冷や汗ものなのに、どうして握手をするのか、さっぱりわからなかったのですが、「これだけ大きな失敗を最初にやっておけば、次から何があっても対処できる」ということを言ってくれました。

結果的にお金は戻ってきましたが、2週間かかりました。これが私の大失敗です。

滝石もかつては経理を経験していますが、そのとき、同じ相手に続けて2回支払いをして、2000万円でいいところを、4000万円も支払ってしまったことがあります。銀行からすぐに連絡があって、「滝石さん、こんなことをしていたら会社が潰れますよ」と言われたそうですが、滝石は、こう切り返しました。

「それをどうにかしてくれるのが、銀行でしょ」

これだけ強気の滝石から見れば、私の失敗など、たいしたことはないのでしょう（笑）。

どうして小山昇は、私に「バカ!」と怒ったのか

そしてついに、どんなに都合よくシミュレーションをしても、「絶対にお金が回らない」という状況がやってきます。私も万策尽きて、小山にボイスメールをしました。

「お金が足りません。どうしたらよろしいでしょうか」

小山から、次のような返信がありました。

「バカ、それをなんとかするのがあなたの仕事」

私は内心、「おいおい、逆ギレか?」「なんて他人事なんだ!」と唖然《あぜん》としましたが(笑)、冷静になって考えてみると、小山が怒った理由がわかりました。

武蔵野が社員教育のテキストに使っている小山の著書、『仕事ができる人の心得』(CCCメディアハウス/経営用語解説書)には、次のように書いてあります。

【どうしましょうか】

幹部の責任逃れ。本当はこうしたい、ああしたいという気持ちは誰にでもある。本来の姿勢は「こうしたい」「ああしたい」。

「こういうふうにしたいのですが、よろしいでしょうか」と聞かなければいけなかったのに、あのときの私は、自分の頭で考えることを放棄していたんです。

私は開き直って、「ないものはないのだから、あるお金でなんとかするしかない。優先順位をつけて払っていこう」と考えました。最優先は、家賃です。家賃は遅れずに必ず払う。それ以外は催促があった順です。旅行会社にお願いをして、社員旅行の費用を分割にしてもらったこともありました。

定期預金の解約を申し出て、融資にこぎつける

小山から「給料はきちんと払うように」と念を押されていたのに、「このままでは給料が支払えない」と追い込まれたときもあります。

そのときは、「定期預金の解約」を思いつきました。

銀行に電話をかけて「急遽、資金が必要になってしまったので、定期預金を崩したい」という話をすると、銀行から、意外な申し出がありました。

「高梨さん、定期預金を崩すんだったら、融資をしますので」

銀行は、実質金利が下がるのを嫌がり、定期預金の解約には慎重です。「解約されるよりも融資をしたほうがいい」と判断したのでしょう。

給料の支給日まで、あと3日しかありません。私は急いで稟議を通すための資料を銀行に送りました。5000万円の融資を受けてなんとか乗り切りましたが、「もし給料を支払えなかったらどうなっていたのか」を考えると、今も冷や汗が出ます。

優秀な社長は、毎日、自社の数字をチェックしている

資金繰りを圧迫していたのは売掛金でしたから、経営サポートパートナー会員のみなさまには、「セミナーを受講される前にご入金ください」とお願いをして、請求書の発行月も

変えさせていただきました。

それ以降、経営サポート事業部の売掛金はゼロです（現在の売掛金1億8000万円は、ダスキン事業部のもの）。

先にお金をいただくようになって、みるみるお金が増えていきました。2009年の決算が終わるころには銀行の対応も変わって、資金繰りがずいぶんラクになりました。銀行に決算書を持っていくと、「借りてください、借りてください」と融資が決まる。一気に資金が潤沢に回るようになった感じですね。


わが社では、毎日、小山に銀行残高（定期預金を外した普通預金）の数字を報告しています。私も毎日、小山の自宅にFAXを送っていましたが、あるとき、小山からメールが届きました。

「高梨さん、あなたは会社を休んでいるのですか？　休んでいるのなら有給の届け出を出してください。数字の報告がない」

私はたしかに、FAXを送って数字の報告をしています。ですが、そのとき、小山は実践経営塾の合宿のため長野にいたんです。私は「相手が見ていなければ、報告をしたことにならない」ことを学び、そこからメールに変えました。FAXと違ってメールであれば、小山はどこにいても見ることができますから。

また、経理の壁にはホワイトボードがかけてあって、いつも、その日の口座残高を書くようにしていました。「51」なら、5100万円ある、という意味です。私のときは「2桁」の数字でしたが、今は「4桁」になっています。

売掛金を前受金に変えたことで、残高が増えてきたのですが……、これを言うと小山に叱られるかもしれませんが……、ホワイトボードに虚偽の報告をしたことがあります。たとえば、実際には「180」（1億8000万円）でも、「80」（8000万円）にしたり。お金があることがわかると、小山が社員教育や設備投資に使ってしまうからです（笑）。滞りなく支払いをするためには、お金をしっかり残しておく必要があります。だから、小さな嘘をつきました（笑）。

経理の仕事をしたのは、わずか1年3カ月でしたが、お金が命の次に大切なものであることを何度も実感しました。

こんな私でも、経営サポートパートナー会員の方から、相談を受けることがあります。

「今月は資金繰りが厳しいのだけど、高梨さんはどう思いますか？」

私は小山と違って、アドバイスできる立場にはありませんが、唯一言えることがあるとすれば、

「経営者は、残高がいくらあるのかを毎日確認しておいたほうがいい」

ということです。

社長がお金の心配をしていたら、事業に専念できません。そうならないためにも、お金について、B／Sについて、銀行交渉について勉強する必要があると思います。

第3章

徹底解説！「武蔵野」の「資金運用に関する方針」

2. 定量

(1) **財務体制を充実**して、現金と普通預金の合計で長期借入金を上回り、**実質無借金経営**にする。

(2) **節税で長期借入金を増やし、月商の3倍の現金・普通預金を確保し、緊急支払い能力を高める。**

(3) **売上伝票と銀行入金額は毎日合わせ、現預金残高を社長に報告する。**
8月と2月にお金の棚卸しをする。

(4) 意図してバランスシートの科目の数字を変える。**資産の部**はより**上位科目**へ、**負債の部**はより**下位科目**へ重点に移すよう**地道な努力**を続ける。

(5) **売上は増やすが、売掛金と在庫は増やさない。前受金を増加させる。**
困った時の銀行頼りはしない。その事業を止める。支払手形を発行しない。

(6) **無駄な資産**を持たず、総資産を圧縮する。
設備投資はお客様が増加する事と、仕事が改善できる事とする。

(7) **借入金は長期とし、総額を15億円以下にする。**

(8) **固定預金は、5億とする。満期時にいったん普通預金に戻し、再度定期預金を行う。短期借入金は、季節資金、納税資金に留める。**

(9) **赤字の翌年、目標以上に利益の出た翌年は設備投資は行わない(法人税と予定納税に多額の資金を要する)。**

「武蔵野」の「資金運用に関する方針」

1. 定性

(1) 金融機関が**長期資金**を貸し出す時に、一番見ているのは**会社の姿勢(社長の姿勢)**なので、事業年度計画によって**定期的に報告**を行う。
銀行訪問は3カ月に1回訪問する。

(2) 定量データと定性データを提供し、全面的に御協力をお願いする。

(3) 経営計画発表会を開催して、事業計画を共有する。

(4) 月次決算は翌月1日とし、2.5グループ(課長職)以上が部門長会で共有し、透明度をアップする。

(5) 金融機関の支店長が来社された際は、すぐに社長へ報告する。

武蔵野の経営計画書には、「資金運用に関する方針」（銀行とのつき合い方を示した方針）が明記されていて、全従業員がこの方針を共有しています。この方針は、銀行交渉における武蔵野の「憲法」とも言えるものです。

わが社がどのような考え方で銀行とつき合っているのか、銀行との関係を良好にするためにどのような努力をしているのか、項目ごとに説明します。

【資金運用に関する方針】

【定性】

1．金融機関が長期資金を貸し出す時に、一番見ているのは会社の姿勢（社長の姿勢）なので、事業年度計画によって定期的に報告を行う。銀行訪問は3カ月に1回訪問する。

定期的な銀行訪問を行い、武蔵野の現状を包み隠さず報告しています。経営計画書には、「事業年度計画」（年間スケジュール）が記されていて、銀行訪問の日程も組み込まれています（194ページにて詳述）。

2．定量データと定性データを提供し、全面的に御協力をお願いする。

定量データは決算書や試算表で提供できるが、定性データを銀行が知るには会社訪問しかありません。支店長の「近くまで来た」は、「お金を貸したいので訪問された」です。

私は、銀行訪問時に残業を減らす取り組みなど、定性情報を報告している。支店が本店に稟議書を出すとき、定性情報のある稟議書は**「魂の稟議書」**と呼ばれています。

3．経営計画発表会を開催して、事業計画を共有する。

経営計画発表会は定性情報の宝庫です。社長が発表会で伝えたいことと支店長が知りたいことは違います。社長は発表の内容を気にしているが、支店長は会が定刻にはじまるかを見ている。ある支店長は

「経営方針はもちろんよくわかっています。今日はそれに対して社員がどのような姿勢でいるのかを見に来ました。みなさんの気持ちが伝わりました」

と話しています。

事業計画を共有することで資金需要がわかるため、融資をしたくなります。**「タイムス株式会社」**（高畠章弘社長）の経営計画発表会で新店（1億円）の計画を発表したときは、すぐに「当行で」とオファーが来ました。

4．月次決算は翌月1日とし、2．5グループ（課長職）以上が部門長会で共有し、透明度をアップする。

銀行は融資にあたって、過去の業績や現在の経営状態、事業計画などを精査するのはもちろんのこと、「経理の透明性」を重要視しています。

いくら業績が良くても、どれほど素晴らしい事業計画でも、経理が不透明だったら「これは裏があるな」と判断され、融資してもらえません。

しかし、会社の透明度を高めておけば、銀行は「この会社はお金の使い方が明確だし、不正もない。だから貸しても大丈夫だ」と考えます。

武蔵野の月次決算は、「締め日の翌日」には出る仕組みです。「締め日の翌日」にした理由は、社員の不正を防ぐためです。

月次決算の数字は、課長職以上が部門長会で共有します。数字を共有すれば不正の防止にもなるし、なにより、数字を読めるようになった社員は、経営者意識を持つようになります。


また、銀行には、借りたお金を「お客様の数を増やすこと」のために正しく使っていることを報告します。**社長が私腹を肥やすようなことが絶対にあってはいけません**。

以前、私のセミナーの参加者（製造業のA社長）が、「手形を出していて、資金繰りがショートしかけている。都銀に1億円の融資を掛け合ったけれど、相手にしてもらえない」と相談に来たことがあります。

私の指導が功を奏して、結果的に「1億5000万円」の融資を受けることができたのですが、「5000万円も余計に借りられた」ことに気を良くしたA社長は、そのお金で、4500万円もする高級スポーツカーを予約しました。

そのことを知った私は、さすがに頭に来て、翌日からセミナーの参加をお断りしました（セミナー代金は全額返金しました）。

5．金融機関の支店長が来社された際は、すぐに社長へ報告する。

メールで報告を受けた私は、すぐに支店へ「支店長はいらっしゃいますか」と電話をする。もちろん支店長は、わが社を訪問されているので不在ですが、あとで小山から電話があったことを聞いた支店長は、「武蔵野はしっかりしている」と判断されます。こうした形で定性情報も提供できる。

【定量】

1．財務体制を充実して、現金と普通預金の合計で長期借入金を上回り、実質無借金経営にする。

武蔵野は、約15億円の借入金に対し、約15億円の現預金（現金＋普通預金）を持ち、かつ定期預金が3億円あるので、実質無借金経営です。

このような状態になると、多くの社長は、「現預金のほうが多いのだから、借入れを全額返済しよう」とします。借金が多いと心理的な重圧がかかるからです。

ですが、無借金の会社になると、銀行は、いざというときにお金を貸してくれません。無借金経営ではなく、「実質無借金」が理想です。

2．節税で長期借入金を増やし、月商の3倍の現金・普通預金を確保し、緊急支払い能力を高める。

銀行は「何があってもも返済をしてくれる会社」にお金を貸します。月商の3倍の現金・普通預金を確保しておけば、銀行は「この会社は、支払い能力がある」「この会社はキャッシュポジションがいい（手持ちの現金がたくさんある）」と判断し、融資をしてくれます。

静岡県にある**「株式会社鈴木スプリング製作所」**は、S銀行と取引をしています。S銀行の常務が、鈴木貞男会長にこう言いました。

「うちが融資するかしないかのひとつの目安は、現金をいくら持っているか、です。月商の1倍のお金があるところには、お金を貸します」

S銀行は、バブル時代でも浮ついた不動産投資を行わなかったことで世界的にも評価された銀行です。その銀行の常務が言うのですから、たしかな情報と言えるでしょう。武蔵野は、「1倍」ではなく、「月商の3倍」が目標です。だから信用度が高い。

リーマン・ショックのときに老舗が潰れたのは、土地は持っていたけど現金を持っていなかった（緊急支払い能力が低かった）からです。

これはあくまでも私見ですが、半年間も「ペヤングソース焼きそば」の生産・販売を休止していた「まるか食品株式会社」が潰れなかったのは、緊急支払い能力が高かった（現金を持っていた）からではないでしょうか。

水と空気と安全は、昔はタダだった。ですが今は違います。世の中は変わりました。お金を払ってミネラルウォーターを買い、お金を払って空気清浄機を買い、お金を払ってホームセキュリティーを導入しています。安全は、お金を払って買う時代です。

銀行からの融資も、考え方は似ている。金利を払って銀行からお金を借りることは、安全を買うことです。

3．売上伝票と銀行入金額は毎日合わせ、現預金残高を社長に報告する。

8月と2月にお金の棚卸しをする。

私のもとには、毎日「135（93）」といった数字がメールで届きます。この数字は、前月同日と、今日の現預金の残高をあらわしています。「前月の同日には、現金の残高が9300万円あった。今回は1億3500万円ある」という意味です。

現金の残高が増えているなら問題ありません。しかし、「93（135）」だと、現金が少なくなっていますから、「回収が遅れている」のか、「売上が下がっている」のか、あるいは「経理が不正している」のか、その原因を突き止めることができます。

さらに、わが社では、2月と8月に「お金の棚卸し」を行っています。

社長の多くは、「A銀行には、○○○円のお金がある」と思っていますが、本当にあるのですか？　見たことはありますか？

「経理に任せているから、大丈夫」と安心している社長もいます。しかし私は、経理担当者は信用しても、経理の仕事は信用していません。

そこで私は、残高証明書を取って、「A銀行にいくらあるのか、B銀行にはいくらあるのか、C銀行にはいくらあるのか、普通預金はいくらあるのか」をチェックしています。

「お金の棚卸し」は、年に2回、2月と8月に行っています（銀行の決算が3月と9月なので、その前月に実施）。何をしているのかというと、

「お金を他の銀行に移させる」

のです。お金がA銀行からB銀行に移り、「A銀行の残高が減った」のなら、お金があった（不正はなかった）ことになります。

4．意図してバランスシートの科目の数字を変える。資産の部はより上位科目へ、負債の部はより下位科目へ重点に移すよう地道な努力を続ける。

資金繰りを改善したいなら、バランスシート（B／S、貸借対照表）の勘定科目を意図的に変える必要があります。

B／S（バランスシート）の右側には「負債および純資産の部」、左側には「資産の部」

が記されています（B／Sについては、168ページでも説明）。

◉「負債および純資産の部」

……資金をどこからいくら調達したか。科目は、資金調達しやすい順に並んでいます。支払手形を発行するのか、銀行からいくら借りるのか、資本金はいくらにするか、などは、社長の意思で決まります。

◉「資産の部」

……集めたお金や利益がどんな資産に変わったたか。科目は、現金化しやすい順に並んでいます。現金でいくら持つか、預金はいくらにするか、土地を所有するのか借りるのか、などは、社長の意思で決まります。

B／Sの中身を決めるのは、社長自身です。資金の調達額や資産の額が同じでも、意図的に勘定科目を変えたり、資産を社長個人や別会社に移行すると、銀行からの財務評価が変わります。

では、B／Sの数字をどのように変えれば、銀行からの評価が上がるのでしょうか。

「負債の部は、より下位の勘定科目に数字を移す（下位科目を増やす）」
「資産の部は、より上位の勘定科目に数字を移す（上位科目を増やす）」

のが基本です。

負債の部は、資金を調達しにくい下位科目の数字が大きいほうが、格付けが上がります。支払手形や買掛金など、簡単に資金調達できる科目よりも、長期借入金や社債など、簡単には調達できない負債が大きければ、信用力が高いと見なされます。「支払手形を増やすよりも買掛金を増やす」「短期借入金を増やすよりも長期借入金を増やす」などして、下位科目を増やします。

資産の部は、固定資産（土地や建物など）よりも流動資産（受取手形、普通預金、現金など）が多いほうが、銀行から信用されます。なぜなら、現金化しやすい科目が多いほど、貸付金を回収しやすいからです。

具体的には、「固定資産を増やすよりも流動資産を増やす」「棚卸資産を増やすなら販売

B/Sの勘定科目を変えると銀行の評価が変わる

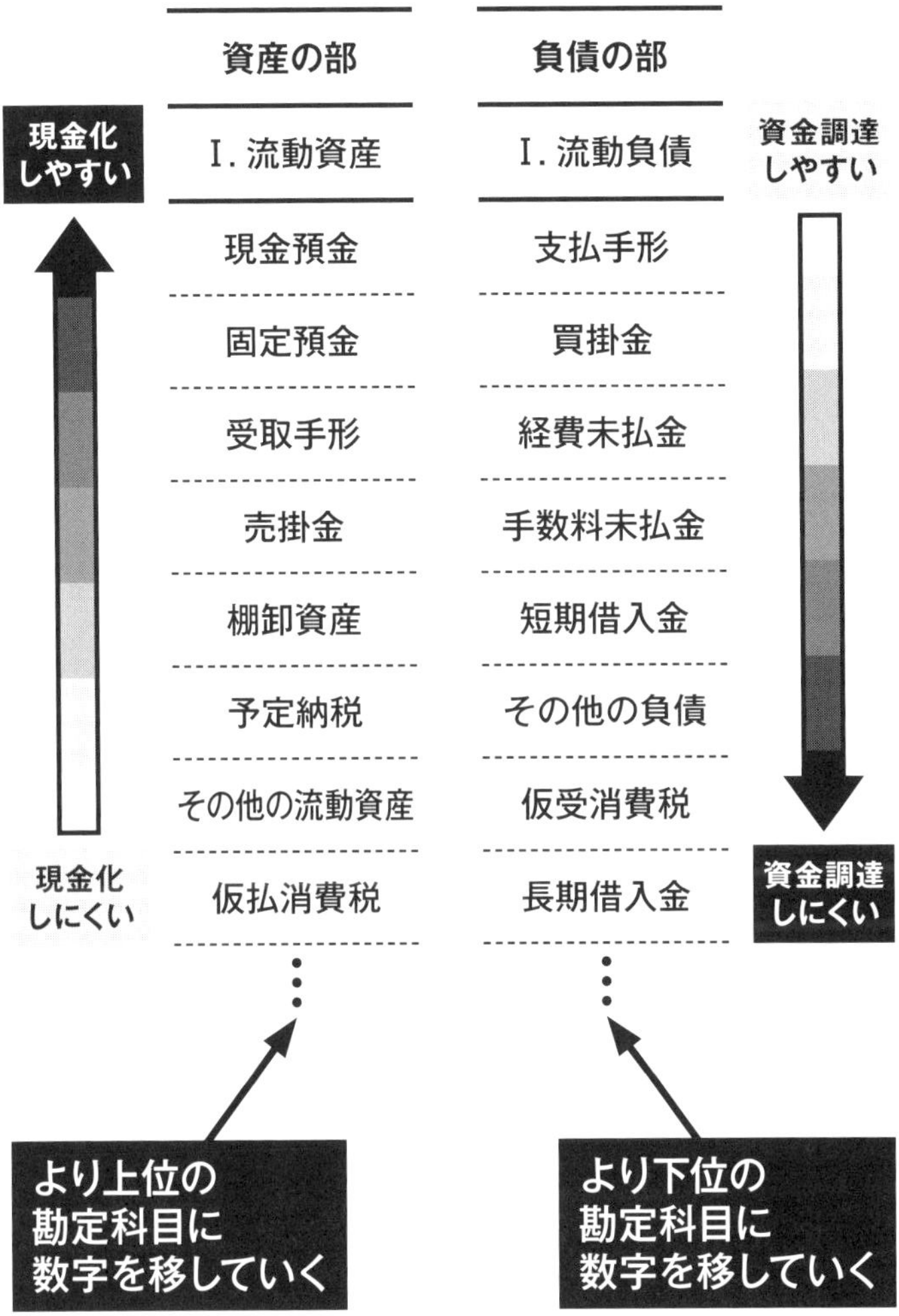

して売上を増やす」「売掛金よりも現金で回収する」「定期預金を増やすときは普通預金のバランスを考える」などして、より上位の勘定科目を増やします。

5．売上は増やすが、売掛金と在庫は増やさない。前受金を増加させる。

普通の会社は、売上が増えると「売掛金」が増えます。売掛金が増えるとキャッシュフローが悪くなるので、わが社では、「売掛金から前受金」に勘定科目の取り方を変えています。

かつては、売掛けで売上が立つと売掛金が増えていました。

そこで現在は「前受金」として、先にお金をいただくようにしています。また、在庫は持たずに当用買い（余分な在庫を持たず、さしあたり必要な分だけ少しずつ買うこと）にしたことで、わが社のキャッシュフローはさらに良くなりました。

「株式会社ＩＳＯ総合研究所」（山口智朗社長）は、ＩＳＯやＰマークの運用代行・コンサルティングをしています。

まだ私の指導を受ける前、山口社長は「どうして売上が伸びているのに、お金がないのか、その理由がわからなかった」と言います。

「3年前のことです。売上も順調に伸びていたので、『ご褒美に、リッツ・カールトンホテルのレストランを予約して、みんなで食事をしよう』ということになったんです。当日、食事をしている最中に、経理のパートさんが、私に耳打ちしたんですね、『今月、お金が足りません。どうしたらいいですか』って。私は『とりあえず、僕の給料を止めておいて。それでも足りなければ、古江（取締役）の給料も』と返事をしたのですが、まさかお金が足りなくなるとは思っていなかったので、耳打ちされてからは、何を食べたのか、どんな話をしたのか、まったく覚えていないんです（笑）」（山口社長）

山口社長は、「自分たちの会社は、ストックビジネス（顧客に継続的なサービスを提供し、収入を上げるビジネス）だから、今はお金が足りなくても、いつかはペイするだろう」と楽観視していましたが、いつまでたってもラクにならない。そこで、お金の入り方を見直します。

「これまでは、8月に新規の契約が決まったとすると、9月に請求書を送り、10月に入金がある、というサイクルでしたが、契約と同時にお金をいただくように変えました」（山口社長）

お金の入出金をきちんと管理していなかったため、未入金になっていることにも気づかなかったそうです。

「法人同士の契約ですから、期限を守らないことはないだろうと安心していたのですが、調べてみると、『1年以上、未入金になっていた会社』が何社もあったんです。売上の半分が未入金になっていた月もありましたね（笑）。それでも、『うちは安定のビジネスモデルだから、大丈夫だろう』と思っていたんです。無知でしたね」（山口社長）

売上が伸びても、資金繰りに困ると、お金のことばかり考えるようになり、事業に専念できません。

山口社長は武蔵野の経営指導を受けるようになってから、銀行との取引をはじめます。

「金利がもったいないし、借金はできるだけしないほうがいいと思っていたので、『え、なんで？　なんで借りるの？』と疑問でしたが、小山社長に、『一見さんとリピーター、山口さんならどちらに融通をきかせますか』と聞かれたとき、『それはリピーターだろう』と思ったんです。だから、小山社長の言うように取引実績をつくろうと。何かあったときに銀行の支援をいただくには、困ったときに声をかけるのではなくて、今のうちから銀行に声をかけ、借入れの実績をつくっておく必要がある。そう思い、現在は2行と取引をさせていただいています。将来的には、もう少し行数を増やしていきたいですね」（山口社長）

現在は、毎月、財務会議を開いたり、資金繰り表をつくるなどして、山口社長は細かく数字（キャッシュフロー）をチェックしています。

「1年間の資金繰りがわかるようになると、何月にお金が足りなくなるのか予想がつくので、それまでに対策を立てることができます。数字が見えていると、それだけで安心感が違いますね。銀行から借入れをするようになって、何よりもいちばん良かったのは、気持ちがラクになったこと。これにつきますね」（山口社長）

困った時の銀行頼りはしない。その事業を止める。支払手形を発行しない。

私が武蔵野の社長になってもっとも損をした事業は、「クリエイト」という事業です（1991年）。2億8000万円投資をして、売上は3000万円。「この事業は、どうにもならない」と見切りをつけ、撤退することにしたのですが、すみやかに撤退をしたおかげで、バブルのあおりを受けずにすみました。撤退資金として銀行から3000万円借りましたが、あのままズルズルと事業を続けていたら、武蔵野は倒産していたと思います。

再建計画を考えるとき、多くの社長が「何をやればいいか」を考えます。ですが、この考えは間違いです。

「何をやるか」ではなく、「何をやめるか、何を捨てるか」を考えるのが先決です。

赤字の事業や新規事業をやめる。シェアの低い地域をやめる。やめると無駄な経費を使わずに済むので、利益に直結します。

「やめること」や「捨てること」を決めないで倒産を逃れた人はいません。ところが多くの社長は、赤字の事業をやめることができません。「何とかなるのではないか」と考えるからです。

ですが、3年も5年も頑張って、それでも利益が出なかったのに、何とかなるはずがない。ダメなものはダメです。

たとえ黒字でも、「このままのペースで成長したら資金が回らなくなる」と思えば、潔くやめる。私が指導する多くの会社が倒産を逃れたのは、「やめること（捨てること）」をはっきりさせてきたからです。

「株式会社凪《なぎ》スピリッツ」（生田智志社長）は、「ラーメン凪」を運営する人気ラーメンチェーンです。東京に7店舗、埼玉に1店舗、そのほか、香港、台湾、フィリピンでも店舗展開をしています。

当初、「ラーメン凪」は「豚骨ラーメン」など、メニューが10種類以上ありました。ですがメニューが多くなると、それだけオペレーションが複雑になります。そこで現在は、「煮干ラーメン」の1品に絞って商品提供しています。

商品やサービスを広げたからといって、お客様に受け入れられるわけではありません。自社が提供しているサービスのうち、お客様の需要がもっとも高いものに経営資源を集中させ、その他は潔く切り捨てる。「煮干ラーメン」以外のメニューを切り捨てた生田社長の決定は正しい。

また「凪スピリッツ」は、台湾とフィリピンに合弁会社を持っていました。合弁会社の売上は8億円、経常利益は1億円です。私は生田社長に「合弁会社の株を売ったらどうか」とアドバイスをしました。経営資源を国内の狭いエリアに集中させるためです。

私も生田社長も、「1000万円で株が売れれば御の字」だと考えていました。ところが、なんと7000万円で売れた。

生田社長は「やめる」という決定をしたから、新たなお金が生まれた。

また、わが社は支払手形を発行しません。支払手形を発行すると、売上が少し下がっただけで資金繰りに影響を及ぼします。

赤字でも会社は倒産しませんが、黒字でも手形が落とせなければ倒産します。支払手形を発行していると、社長は資金繰りに忙殺され、事業に専念できません。

6．無駄な資産を持たず、総資産を圧縮する。設備投資はお客様が増加する事と、仕事が改善できる事とする。

わが社は、できるだけ固定資産を持たないようにしています。本社をはじめ、他の物件は賃貸です。

本社ビルを「毎月100万円」で借りています。この100万円は経費として計上できます。ですが、土地を購入して本社ビルを建てると、「経費」ではなく「資産」になります。資産の返済は利益で行います。

わかりやすく説明すると、毎月200万円の利益計上をしないと、100万円の返済はできません。金額は同じ100万円でも、実際は、「200万円」（購入）と「100万円」（賃貸）の違いがある。どちらが有利かといえば、「賃貸」のほうです。

自社ビルを購入すると、税金を多く払ううえに、資金繰りも危うくなります。けれど家賃なら、利益を圧縮できるので、税金が安くなります。

無駄な資産を持たずに「総資産を圧縮」することが健全な経営スタイルです。

すでに土地や資産を持っているのなら、社長が個人会社をつくって、その会社に土地を売ります。社長個人の所有にして、今度は、会社が土地を借りる。そうすると、資産だった土地が経費になります（社長には個人資産が残る）。

社長の個人会社には借金は残るので、実態は変わりません。ですが、土地の売却益で土地購入の借入金を返済すると、資産と借入金が減って格付けが良くなります。

スーパーマーケットの「ダイエー」が「イトーヨーカドー」に比べて苦しみながら経営を続けているのは、自社物件を持っているからだと私は考えています。

ダイエーは土地を買って、その土地に店舗を建てています。店舗が自社物件の場合は、勘定科目は「資産の部」。資産の返済は「利益」で行うため、現金が残りにくい。

一方の「イトーヨーカドー」は自社で物件を持たず、賃料を支払っています。賃料は経費として落とせるので、利益を圧縮できます。

ゴルフ会員権を持っているなら、売ったほうがいい。３０００万円で買ったゴルフ会員権の評価が「５００万円」に下がっているなら、すぐに売る。そうすれば、売却損として、２５００万円も利益が圧縮されます。そして社長個人が５００万円で買い戻せばいい。

在庫も、「1年以上売れなかった場合」は、潔く捨てる。1年以上動かない不良在庫は所轄税務署の指導を受けて、備忘価格（１m当たり10円とか、１本10円とか）をつけることができる。そうすれば資産が圧縮されてキャッシュフローが良くなり、同額の負債が減少します。

工場で新しい機械を５０００万円で設置したとします。3年後、２００％性能がアップした機械が６５００万円で発売されても、多くの社長はまだまだ使えるとそのまま使用する。しかし、新しい機械を入れて古い機械を売却するのが正しい。機械の残存価格は、除却損で落とすと利益が圧縮され、節税になります。

それと、武蔵野の設備投資は、おもに「バックヤードのIT化（デジタル化）」です。新しいITツールは、メリットがあると思ったら積極的に導入しています。ソフト開発に年間で1億円を投資したこともある。

ITツールの活用に関しては、明確に線を引いています。バックヤードはデジタルでドンドン簡素化と共有化を図りますが、お客様との接点は徹底してアナログ（フェイス・トゥ・フェイス）です。

7. 借入金は長期とし、総額を15億円以下にする。

わが社は自社で作成をしたオリジナルのソフト（社長の決定ソフト）を活用して「資金運用計画」を作成しています。借入れは15億円でも、これ以上の現預金を持っていれば、「実質無借金」になります。

また、長期で借りていれば急な変化に対応できるため、経営が安定します。同じ額の借入れなら、長期のほうが毎月の返済額が少なく、計画的に資金運用できます。短期借入金は、業績がいいときは銀行も応じてくれますが、悪くなると応じてくれません。

「株式会社渡辺住研」(渡邉毅人社長)は、何の根拠もなく、資金運用に関する方針の借入総額を「10億円」から「15億円」に変えました。すると、銀行から何億増やしてもらえるかと聞かれ、そして実行(借入れ)された。

8. 固定預金は、5億とする。満期時にいったん普通預金に戻し、再度定期預金を行う。短期借入金は、季節資金、納税資金に留める。

満期時にいったん普通預金に戻し、再度、定期預金を行うと、信用力が上がります。銀行は、定期預金の解約を嫌がります。

かつて武蔵野は、ある地方銀行に、5000万円の定期預金を持っていたことがあります。

借入れの残高が370万円だったとき、銀行に、「定期預金を担保にして、お金を5000万貸してください」とお願いしたことがあります。

ところが、銀行の返事は、ノー。そこで私は、「定期預金を解約しよう」と考え、当時の経理担当者だった滝石洋子（現・常務取締役）を銀行に向かわせたところ、行員に3時間も囲まれ、解約させてもらえませんでした。

結局、普通預金から370万円を出して返済を終わらせ、その後、定期預金を5000万円分解約してお金をつくりました。銀行は、これくらい定期預金の解約に厳しい。ですから、「もう一度、戻す」ということが大事です。

また、短期借入金は季節資金（賞与など）、納税資金に留めます（現在は十分に現金を持っているので、季節資金や納税資金も長期で借ります）。

9．赤字の翌年、目標以上に利益の出た翌年は設備投資は行わない（法人税と予定納税に多額の資金を要する）。

赤字が黒字になった翌年や、急激に利益の出た翌年は、税金と予定納税でお金がかかるので、設備投資は控えます。

第4章

「3点セット」で銀行の信用を勝ち取る

3点セット　その①　経営計画書

経営計画とは、会社の数字を明らかにすること

倒産寸前だった会社が、首の皮一枚で生き延びた理由

実名は出せませんが、首の皮一枚で倒産を免れた会社があります。この会社は5つの銀行からお金を借りていました。もっとも借入額が大きかったのは、A銀行（都銀）です。

この会社の社長がA銀行に借入れの相談に行ったときのことです。

担当者が持っていた資料に、「貸出不可」のフラッグが立っているのをたまたま見てしまったそうです。それでも担当者は、「昨年からご要望いただいているプロパーの件も、進めている最中です」と貸す気があるような対応をした。銀行としては正しい対応でしょう。

結局、A銀行は貸し出しをしてくれませんでした。いよいよ倒産か、となったとき、手

を差し伸べてくれたのがB銀行（信金）です。

B銀行は、全部まとめて借り換えをしてくれました（そして、借りたお金で他の銀行の借入れを一括返済）。

どうしてB銀行は、首が回らないような会社にお金を貸したのでしょうか。支店長は、その理由をこう語ったそうです。

「お金を貸すのは、経営計画（経営計画書）があったからです」

経営計画書がなかったら、この会社は間違いなく倒産していました。

銀行は「数字で話せる社長」を評価する

ではなぜ、経営計画があるとお金を貸してくれるのでしょうか。

その理由は、銀行は、「数字を使って話ができる社長」を評価するからです。

経営計画をつくって、「貸したお金をどのように使ってくれるのか」「どのような返済計画を持っているのか」「1年後、3年後、5年後にどれくらいの利益を出したいと考えているのか」「どのような財務体質の会社にしたいのか」といった「会社の未来」を数字であらわすことができれば、銀行も安心して貸すことができます。

ところが、経営計画がないと、銀行は「この社長は会社の数字（P／LやB／Sの数字）をわかっていない」と考えます。

銀行としても、「自社のお金がどうなっているのか」がわかっていない社長にお金を貸すほど、お人好しではありません。

銀行に「過去のこと」を審査する機能はありますが、多くの銀行は「未来のこと」を審査する機能が弱い。

決算書を銀行に提出すると、銀行は決算書の数字を分析し、格付けを判定します。でもそれは、過去に対する分析であり、未来に対する期待ではありません。だからこそ中小企業の社長は、会社の未来を示す「経営計画」を銀行に提出する必要があるわけです。

私より3歳年上の**「有限会社中央市場」**の金澤正隆会長は、45歳のときに私と知り合い、70歳までの25年間、毎月共に勉強を続けました。「中央市場」は、武蔵野の経営計画書を参考にして「方針」を立て、数字は「社長の決定ソフト」で作成して、22億円の会社を147億円に成長させた。銀行は、数字で話せる社長（当時）を支援し続けました。

経営計画書をつくる中小企業は「100社に1社」

B／Sをベースに「長期的にどのようにお金を調達し、どのように使うか」「売掛金や在庫など、短期的にお金が必要なものをどのようにまかなうか」といった経営計画を立てると、このままのやり方ではお金が回らないことがわかります。

そして、計画を達成するには、「経常利益を増やさないといけない」とか「設備投資をやめよう」など、社長の決定が明らかになる。銀行は、この社長の決定にお金を貸すのです。

「名古屋眼鏡株式会社」（小林成年社長）が取引銀行に経営計画書を見せたところ、融資担当者は「中小企業で経営計画書をつくるところは、100社に1社くらいしかない」と高く評価されたそうです。

中小企業の社長の多くは、自社の数字がわかっていません。だからこそ、経営計画書をつくる社長は信用されるのです。

武蔵野では、経営サポートパートナー会員を対象に「経営計画書作成合宿」を開催しています。この合宿では、自社の具体的なB／Sの数字を使って、経営計画を作成していただきます（わが社がつくった自動計算ソフトを使用）。

対前年で115％伸びた場合に「どれだけ利益が出て、お金が足りなくなるか（余るか）」「緊急支払い能力はあるか」「いくら返済できるか」「減価償却費はいくらになるか」「どれだけ設備投資できるか」「格付けはいくつになるか」といった「会社の数字」を計算し、

- **「長期事業構想書」**（5年先までの事業計画）
- **「長期財務格付け」**（安全性、収益性、成長性、返済能力から見た格付け判定）
- **「長期財務分析表」**（経営効率、資金繰り、運転資金の回転率など）
- **「経営目標」**（今期の売上高、粗利益、経常利益、経費、人件費など）
- **「月別利益計画」**（各月の売上高、粗利益、売上原価などの「目標」と「実績」）
- **「支払金利年計表」**（1年間でいくら金利を払っているか）

を明らかにします。この数字を明記した経営計画書を銀行にも渡しておけば、融資の際、あらためて資料を提出する必要がありません。

「武蔵野」の「長期事業構想書」

単位：百万円

	項目		当期	53期	54期	55期
事業計画	1. クリーンサービス事業		2,482	2,556	2,633	2,712
	2. ケア事業		691	746	805	870
	3. ホームイン事業		561	677	726	777
	4. 経営サポート事業		2,015	2,310	2,577	2,906
	5. コンサルティング事業		644	705	771	848
	6. 経営システム販売事業		227	277	338	405
	7. 新規事業		0	0	0	0
	事業成長率			1.098	1.080	1.085
利益計画	総売上高		6,620	7,271	7,850	8,518
	総仕入高		2,763	2,981	3,140	3,322
	粗利益率		0.583	0.59	0.60	0.61
	粗利益		3,857	4,290	4,710	5,196
	内部費用	人件費	2,010	2,147	2,333	2,503
		経費	753	777	780	800
		販売促進費	546	555	600	650
		減価償却費	54	50	45	40
		計	3,363	3,529	3,758	3,993
	営業利益		494	761	952	1,203
	営業外収益		23	23	23	23
	営業外費用		23	24	25	26
	経常利益		494	760	950	1,200
	損益分岐点		5,768	5,983	6,267	6,551
要員計画	労働分配率		52.1	50.0	49.5	48.2
	一人当たりの人件費		5.2	5.3	5.4	5.5
	人員		387	405	432	455
設備計画	土地					
	営業所			40	40	40
	ソフト開発			100	100	100
資本金	増資		0	0	0	0
	払込資本金		99	99	99	99
生産性	一人当たりの売上高		17	18	18	19
	一人当たりの粗利益		10	11	11	11
	一人当たりの経常利益		1.3	1.9	2.2	2.6

「武蔵野」の「長期財務格付け」

単位：百万円

項　目	第51期			第52期			第57期		
	結果	配点	点数	結果	配点	点数	結果	配点	点数
1. 安全性項目	51期経常利益：		160.2						
自己資本比率	17.0%	10	1	19.7%	10	1	49.1%	10	8
ギアリング比率	326.7%	10	0	237.7%	10	2	35.4%	10	10
固定長期適合率	24.1%	7	7	23.5%	7	7	21.0%	7	7
流動比率	300.1%	7	7	251.2%	7	7	270.4%	7	7
2. 収益性項目	50期経常利益：		173.0						
売上高経常利益率	3.3%	5	4	7.5%	5	5	17.8%	5	5
総資本経常利益率	5.7%	5	5	14.0%	5	5	25.2%	5	5
収益フロー	3期黒字	5	5	3期黒字	5	5	3期黒字	5	5
3. 成長性項目	49期経常利益：		144.0						
経常利益増加率	-7.4%	5	0	208.4%	5	5	20.0%	5	4
自己資本額	474.9	15	4	694.0	15	5	3,504.4	15	8
売上高	4,889.0	5	5	6,620.0	5	5	10,111.9	5	5
4. 返済能力	51期減価償却費：		54.1	51期営業利益：		160.2			
債務償還年数	7.2年	20	8	3.0年	20	14	0.7年	20	20
インタレスト・カバレッジ・レシオ	7.5倍	15	15	21.5倍	15	15	72.7倍	15	15
キャッシュフロー額	214.3	20	4	548.1	20	8	1,889.9	20	12
定量要因計		129	65		129	84		129	111
100点法による採点		100	50		100	65		100	86

スコア	格付け	ポイント
90以上	1	リスクなし
80以上	2	ほとんどリスクなし
65以上	3	リスク些少
50以上	4	リスクがあるが良好水準
40以上	5	リスクがあるが平均的水準
25以上	6	リスクがやや高いが許容範囲
25未満	7	リスクが高く徹底管理
警戒先	8	現在債務不履行
延滞先	9	債務不履行でメドたたず
事故先	10	履行のメド全くなし

第51期格付け判定

4

第52期格付け判定
当期

3

第57期格付け判定

2

池井戸潤『会社の格付』（中経出版）より

「武蔵野」の「長期財務分析表」

	項　目	計算式	当期 第52期	Ⅰ 第53期	Ⅱ 第54期	Ⅲ 第55期	Ⅳ 第56期	Ⅴ 第57期	目標	傾向
経営効率	総資本経常利益率	$\frac{\text{経常利益}}{\text{総資本}} \times 100$	14.0	19.2	21.9	23.4	24.8	25.2	20.0	↗
	売上高経常利益率	$\frac{\text{経常利益}}{\text{売上高}} \times 100$	7.5	10.5	12.1	14.1	16.2	17.8	10.0	↗
	総資本回転率	$\frac{\text{売上高}}{\text{総資本}}$	1.9	1.8	1.8	1.7	1.5	1.4	3.1	↘
資金繰り	流動比率	$\frac{\text{流動資産}}{\text{流動負債}} \times 100$	251.2	235.7	228.3	240.5	254.3	270.4	130.0	↗
	固定比率	$\frac{\text{固定資産}}{\text{自己資本}} \times 100$	79.5	64.8	53.0	43.2	35.3	29.2	35.0以下	↗
	固定長期適合率	$\frac{\text{固定資産}}{\text{自資+固負}} \times 100$	23.5	26.2	27.9	25.9	23.4	21.0	26.0以下	↗
運転資金の回転率	支払手形回転率	$\frac{\text{売上高}}{\text{支払手形}}$	0.0	0.0	0.0	0.0	0.0	0.0	0.0	↗
	買掛金回転率	$\frac{\text{売上高}}{\text{買掛金}}$	60.3	63.1	65.5	68.2	71.1	74.1	35.0	↗
	受取手形回転率	$\frac{\text{売上高}}{\text{受取手形}}$	0.0	0.0	0.0	0.0	0.0	0.0	0.0	↗
	売掛金回転率	$\frac{\text{売上高}}{\text{売掛金}}$	22.3	23.3	24.2	25.2	26.3	27.4	30.0	↗
	棚卸資産回転率	$\frac{\text{売上高}}{\text{棚卸資産}}$	135.4	141.7	147.0	152.9	159.3	166.0	50.0	↗
蓄積	自己資本比率	$\frac{\text{自己資本}}{\text{総資本}} \times 100$	19.7	26.2	33.7	39.2	44.4	49.1	40.0	↗

「武蔵野」の「経営目標」

第52期　経営目標

1	売上高	66億2千万円
2	粗利益額	38億5千7百万円
3	人件費	20億1千万円
4	経費	7億5千3百万円
5	販売促進費	5億4千6百万円
6	減価償却費	5千4百万円
7	営業利益	4億9千4百万円
8	経常利益	4億9千4百万円
9	労働分配率	52.1%
10	売上成長率	135.4%

「武蔵野」の「月別利益計画」

単位：百万円

項目	金額	区分	5月		6月		7月		8月		9月	
			当月	累計	当月	累計	当月	累計	当月	累計	当月	累計
売上高	6,620	目標	444	444	636	1,080	675	1,755	397	2,152	629	2,781
		実績										
売上原価	2,763	目標	185	185	265	450	282	732	166	898	263	1,161
		実績										
粗利益	3,857	目標	259	259	371	630	393	1,023	231	1,254	366	1,620
		実績										
人件費	2,010	目標	167	167	168	335	167	502	168	670	167	837
		実績										
経費	754	目標	51	51	72	123	77	200	45	245	72	317
		実績										
販売促進費	545	目標	37	37	52	89	56	145	33	178	52	230
		実績										
減価償却費	54	目標	4	4	5	9	4	13	5	18	4	22
		実績										
計	3,363	目標	259	259	297	556	304	860	251	1,111	295	1,406
		実績										
営業利益	494	目標	0	0	74	74	89	163	-20	143	71	214
		実績										
営業外収益	23	目標	2	2	2	4	2	6	1	7	2	9
		実績										
営業外費用	23	目標	2	2	2	4	2	6	1	7	2	9
		実績										
経常利益	494	目標	0	0	74	74	89	163	-20	143	71	214
		実績										

銀行の担当者に数字を記入してもらう

「武蔵野」の「支払金利年計表」

単位：百万円

	50期		51期		52期	
項目	当月	年計	当月	年計	当月	年計
5月	1.8	20.2	1.1	21.0		
6月	1.1	20.2	2.4	22.3		
7月	2.4	20.1	1.7	21.6		
8月	1.0	19.3	1.0	21.6		
9月	2.4	20.6	2.6	21.8		
10月	1.7	20.0	1.9	22.0		
11月	1.2	19.6	1.4	22.2		
12月	2.1	20.5	2.0	22.1		
1月	2.5	21.0	1.8	21.4		
2月	2.1	21.3	2.3	21.6		
3月	2.0	22.1	2.7	22.3		
4月	1.7	21.7				

↑

銀行の担当者に数字を記入してもらう

経営計画書を銀行にも配付する

経営計画書は、金融機関にもお渡しします。

私が銀行訪問をするときは、同行する社員が毎月の実績を読み上げ、銀行の担当者に数字を記入していただきます（165・166・199ページ参照）。

銀行の融資担当者が本店に稟議を上げるとき、経営計画書のリアルなコピーは本店の審査部に渡ります。稟議を上げた融資担当者が「手書き」で記入した経営計画書の数字は、審査部からも信用されやすい。

また、経営計画書には「支払金利年計表」が掲載されています（166ページ参照）。この年計表を見ると、武蔵野が年間でいくら利子を払っているか、がわかります。この数字を見た銀行の担当者は、「貸したい」と思います。

経営計画書は銀行の信用を得るための、そして、融資を引き出すための道具です。

3点セット その① 経営計画書

会社を良くする情報は「B／S」の中にしかない

経営計画はB／Sをベースにつくる

売上が増えているのに経営が苦しくなってしまうのは、決算書のうち、「損益計算書（P／L）」の数字ばかり気にして、「貸借対照表（B／S）」の数字を見ていないからです。

◉損益計算書（P／L Profit and Loss Statementの略）

……1年間の業績をまとめて「いくら儲かったか」「いくら損をしたか」を知るための決算書。いくら売上があって、いくら経費を使って、最終的にいくら利益（損失）が出たかがまとめてあります。

◉貸借対照表（B／S　Balance Sheetの略）

……決算日現在の「会社の財産状況」をまとめた表。資本金や利益剰余金（純資産）がいくらあって、いくらお金を借りていて（負債）、どのように運用されているか（資産）を示しています。

ほとんどの社長は「売上を伸ばせば会社は成長する」と考えています。だから、P／Lの数字（売上高、売上総利益、営業利益、経常利益、当期純利益など）ばかり気にかける。ところが、利益が出たからといって、実際にお金があるとはかぎりません。「50円」で仕入れたものを「100円」で売れば、「50円」儲かります。「50円」儲かっても、現実的には「売掛金」になっているので、現金はありません。

現金がなければ、給料が払えないし、経費の支払いもできないし、銀行への返済もできません。P／Lの数字が黒字でも、お金を回すことができなければ、窮地に立たされる。

私は、1977年に株式会社ベリー（貸しおしぼり事業）を立ち上げました。ベリーは増収増益でしたが、いつもお金が足りなかった。売上100円－仕入50円－経費40円＝10円の利益。10円儲けているはずなのに、手元に現金はありません。

お金が足りなかったのは、50円の粗利で仕入れた買掛金はすぐに支払い、100円の売上は売掛金になっていた（1カ月後の入金）からです。当時の私は無知で、収支の時間的なバランスが崩れていることに気がついていなかった。

1993年、武蔵野は照明器具を販売する「あかり事業部」を立ち上げました。5年間増収増益でしたが、それでも、私はこの事業から撤退しました。

撤退の要因ひとつは、粗利益率が下がったから。35％あった粗利益率が25％まで下がり、投資資金の回収が遅くなりました。

また、回収サイトが長かったことも資金繰りを圧迫しました。売掛金が増えると現金化に時間がかかります。商品は売れているのに、なかなかお金が入ってこない。私はやむなくあかり事業部を撤退したのです。私がB／Sを読めなかったら、回収サイトの遅れに気づかず、武蔵野は黒字倒産していたでしょう。

P／L上には、「現金」に関する勘定科目はひとつもないので、「手元の現金がいくらあるのか」を把握するには、B／Sを見なければなりません。

売上があった場合、売掛金になるのか現金なのか。仕入をしたら、現金で買ったのか買掛金なのか。B／Sを見て「お金がどのように動くか」を把握していれば、倒産を逃れることができます。

◉銀行が嫌う決算書

・仮勘定が多い（仮勘定……帳簿に記録すべき取引は発生したが、使用すべき勘定科目やその金額が未確定のために一時的に使用される勘定のこと）。前渡金・立替金・未収入金・仮払金などが多いと、会社の与信評価が下がります。

・社長貸付金（役員貸付金）がある（社長貸付金……社長・役員が法人からお金を借りること）。銀行から不良債権と見なされるので、会社の与信評価が下がります。社長が銀行からお金を借りて返済するのが正解です。担保となる個人資産がないときは、借入時に会社が保証となる役員会議事録をつけて借りる。他行は社長の借入れを見れません。

◉銀行が喜ぶ決算書

・資産の部の勘定科目が少ない決算書

私はかつて、「格付け1」の会社のB／Sを見たことがあります。この会社には、未収入金や未払金、仮払といった「未」や「仮」のつく勘定科目はありませんでした。

急成長している会社を銀行が警戒するのはなぜか

本店の審査部は、「格付けが3〜5の会社」を好みます。安全性が高いからです。ですが「格付けが3〜5の会社」の会社は安定している分、金利が低い。銀行にとっていちばん儲かるのは、金利を高く設定できる「格付けが6〜8の会社」です。「格付け6〜8の会社」の中で、成長が期待できる会社に融資をすれば、銀行は儲けることができます。

成長が期待できる会社といっても、「急激に伸びている会社」を銀行は警戒します。「格付け7以下の会社が、3年連続125％以上の増収増益になる」と資金繰りが追いつかなくなり、資金ショートするからです。

増収増益を続けているのに「銀行がお金を貸してくれない」としたら、「お金が回らなくなる」から。その場合は、ブレーキをかけて、事業構造を見直す必要があります。

お金の情報はバランスシートの中にしかない

単位:百万円

資産の部		負債および純資産の部	
Ⅰ.流動資産	2976.8	Ⅰ.流動負債	1185.0
現金預金	1858.2	支払手形	0.0
固定預金	324.4	買掛金	109.8
受取手形	0.0	経費未払金	159.6
売掛金	297.0	手数料未払金	21.7
Dストック	91.5	前受金	156.9
棚卸資産	48.9	割引手形	0.0
仮払消費税	299.0	短期借入金	0.0
未収入金	13.9	仮受消費税	441.1
予定納税	40.5	納税引当金	247.0
その他の流動資産	3.4	賞与引当金	-19.1
Ⅱ.固定資産	551.6	その他の負債	68.0
1.有形固定資産	56.1	Ⅱ.固定負債	1649.4
建物	16.8	長期借入金	1649.4
機械	34.0	預かり保証金	0.0
車輌	5.3	負債合計	2834.4
減価償却			
土地	0.0	Ⅰ.株主資本	694.0
2.無形固定資産	229.2	1.資本金	99.3
ソフトウェア	218.9	2.資本余剰金	0.0
その他無形	10.3	3.利益剰余金	594.7
3.投資等	266.3	利益準備金	27.0
出資有価証券	79.9	内部留保	320.7
敷金保証金	126.3	繰越損失	0.0
その他投資等	60.1	当期利益・損失	247.0
Ⅲ.繰延資産	0.0	4.自己株式	0.0
権利金	0.0	Ⅱ.その他の純資産	0.0
開発費	0.0		
資産合計	3528.4	純資産合計	694.0
計	3528.4	計	3528.4

巧妙に資金を調達したＪＲ東日本

２０１４年末にＪＲ東日本が「東京駅開業１００周年記念Suica」の限定販売を行いました。購入希望者が殺到したため、最終的には購入希望者全員に発売することになりましたが、私はこのニュースを知り、こう思いました。

「さすがにＪＲ東日本は強《したた》かだ。合法的に大金を手に入れたな」

「Suica」を購入するには、初回購入時に２０００円（内５００円は預り金）が必要です。仮に、「記念Suica」が５００万枚売れたとすると、ＪＲ東日本に入って来るお金は約１００億円です。預り金（保証金）だけでも25億円に上ります。

「記念Suica」はプレミアムなものなので、使わずに持っている人が多いはずです。返納して預り金を回収する人はいないでしょう。また、預り金には税金はかかりません。

Ｂ／Ｓが読めると、今回のニュースを別の視点から見ることができます。つまり、「ＪＲ東日本は、巧妙なやり方で資金を調達した」ととらえることができるのです。

3点セット その② 経営計画発表会

経営計画発表会を開催し、支店長を招待する

経営計画発表会は、社長の姿勢と社員の姿勢を見ていただく場

武蔵野では、経営計画を手帳型の「経営計画書」にまとめています（経営計画書のつくり方については、拙書『経営計画は1冊の手帳にまとめなさい』（KADOKAWA）をご参照ください）。

そして、毎年5月（わが社の期首）に、「経営計画発表会」を行い、私が自ら、今期の「方針」や「数字」について読み上げます。

経営計画発表会に参加するのは、約550名。社員（課長職以上と、半期にA評価を得た成績優秀社員のみ）に加え、取引銀行（支店長・法人営業部長）を含む来賓と経営サポ

ートパートナー会員企業をお迎えしています。

どうして銀行を招待するのか。その理由は大きく「3つ」あります。

理由① 支店長を「約3時間」拘束できるから

社長が銀行を訪問して、支店長と話せる時間はどれくらいありますか？　せいぜい数十分でしょう。ですが、経営計画発表会に招待すれば、約3時間、支店長を拘束できます。普通の会社であれば、支店長を3時間拘束できるのは、「手形を出している会社が倒産しそうなとき」だけです。

理由② 社長（小山昇）が嘘をつけないから

社長は、銀行の支店長に嘘をつくことができます。けれど、社員の前では嘘をつけません。経営計画発表会では、私が自分の言葉で方針を読み上げます。もしも読み上げる方針が嘘だったら、社員は、

「社長、嘘、言っているよ」

「来賓や銀行の前では調子のいいことを言うんだよね」と、しらけたり、居眠りしたりします。社長の方針を聞かずに居眠りをしている社員がいたら、銀行は「この会社はだらしない」と思い、お金を貸してはくれません。

社長は、経営発表会で嘘をつけない。ということは、支店長に「嘘をつかない社長の姿勢」を見てもらうことができます。

理由③　社員の姿勢を見せることができるから

経営計画発表会に出席する社員は、本番の前に入念なリハーサルを行います。「拍手のしかた」「唱和のしかた」「経営計画書を読むときの手の高さ」まで徹底して練習します。一糸乱れぬ社員の姿勢、一枚岩になった社員の姿勢、一丸となった社員の姿勢を見せれば、支店長も「この会社はすごい！」と感心する。

「株式会社ベン」（高橋孝嘉社長）の経営計画発表会はすごいです。男性は全員黒服、立つ練習は1カ月前、拍手の練習は10日前と徹底していて、音が揃っている。

わが社の経営計画書には、「3分前集合を行動の基本とする」という規律を明記しています。

武蔵野は経営計画発表会のほかに、毎年2回（上期5月・下期11月）「政策勉強会」を開催しています。以前、この勉強会に参加した銀行の融資担当者が、こんなことを言っていました。

「世界中探しても、こんな会社は見当たらないと思う」

開会3分前に550人全員が着席する。担当者は、武蔵野の「規律」に驚き、「この会社なら信用できる」と、2億円（5年間の長期借入）の融資をしてくれました。

事実、ある支店長は社長の話の内容より、定刻にはじまるかをいちばん見ているとまで言い切っています。

支店長以外の行員にも、喜んで出席してもらう

取引銀行の数が4行、5行なら、すべての銀行を経営計画発表会に呼んだほうがいいと思います。行数が多い場合は、取引金額の多い順に、4、5行に絞ってもいいでしょう。

もし支店長から、「私だけでなく、担当者も経営計画発表会に出席させたいのですが……」とお願いされたら、「どうぞ、お越しください」と歓迎します。

実際に融資の稟議書を書くのは担当者ですから、その人にわが社の姿勢をわかってもらうことができます。

なお、都銀の場合、売上10億円以下の会社の経営計画発表会に支店長は来ません。10億円以下で赤字だったら絶対に来ない。

支店長が来るのか、副支店長が来るのか、次長が来るのか、誰が来るかによって、わが社がその金融機関からどのように思われているかを知る物差しになる（「銀行員の肩書」に関しては262ページ参照）。その意味でも、経営計画発表会はやったほうがいい。

3点セット　その②　経営計画発表会

経営計画発表会は、2部構成で行う

社屋内ではなく、場所を移して開催する

経営計画発表会は、社屋の中ではなく、ホテルを借りて開催しています。

550名もの参加者を収容するスペースがわが社にはない、という理由もありますが、いちばんの理由は、「場所を変えないと、社員の意識は変わらない」からです。

社員数がそれほど多くない会社でも、公民館、貸し会場・レンタルスペースなどを借りる。そして、来賓をお招きする。そのほうが社員の気持ちも引き締まります。

第1部は厳粛に行い、第2部はハジける

経営計画発表会は、第1部と第2部に分けて行います。

第1部は、おもに経営計画の発表（数字と方針）が中心です。厳粛に、厳かに、緊張感を持って行います。

私は、何千人の前で講演をしても、緊張することはありません。けれどそんな私が、1年に1度だけ緊張する時間がある。

それが、第1部の「来賓紹介」をするとき（銀行の支店長と仲間の社長を紹介するとき）です。ご来賓の方のお名前を呼び間違えるわけにはいかないから、このときばかりはさすがの私も緊張します。

経営計画書には「配付先一覧表」が掲載されてあります。

配付先一覧には取引先の金融機関名のほか、全社員の名前が「職責上位順」に明記されています。会場では、職責上位順に席に着きますが、当日の1時間前まで、自分が何番か、

わからないようにしています。

銀行の序列のトップ（配付先一覧で最初に記載される銀行）はメインバンクです。つまり「いちばん多くお金を貸してくださった銀行」です。

かつて、ある信用金庫が武蔵野のメインバンクだったことがあります。ですがこの信用金庫は、支店長が経営計画発表会に来なかった。しかも3年連続で。「これではWin-Winの関係にはなれない」と思い、メインバンクを変えたことがあります。

第2部は、懇親パーティーです。仮装して踊ったり、早食い競争をしたりして、思いきり楽しみます。

忙しい支店長に、最後までおつき合いいただくのは申し訳ありませんから、第2部では、「1時間経ったら中締めをする」と決めています。「途中で帰れる」とわかっているから、忙しい支店長にも参加していただける。

社員には、「来賓の前で料理をガツガツ食べるな。食べるのは中締めのあとで」と指導しています。

「武蔵野」の「経営計画発表会」

【第1部】
厳粛に行う

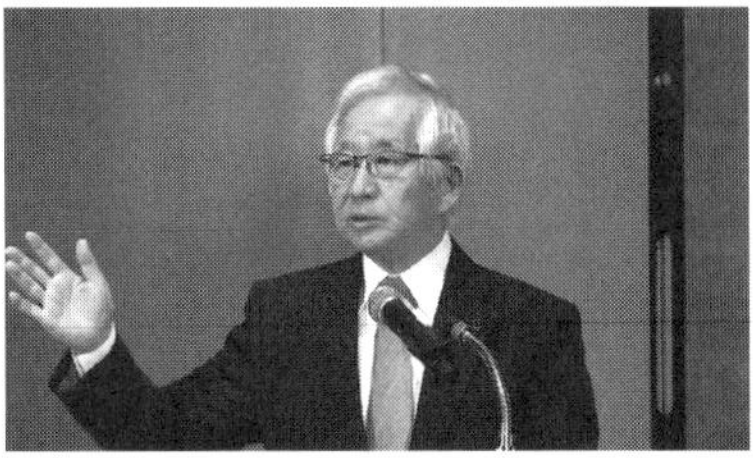

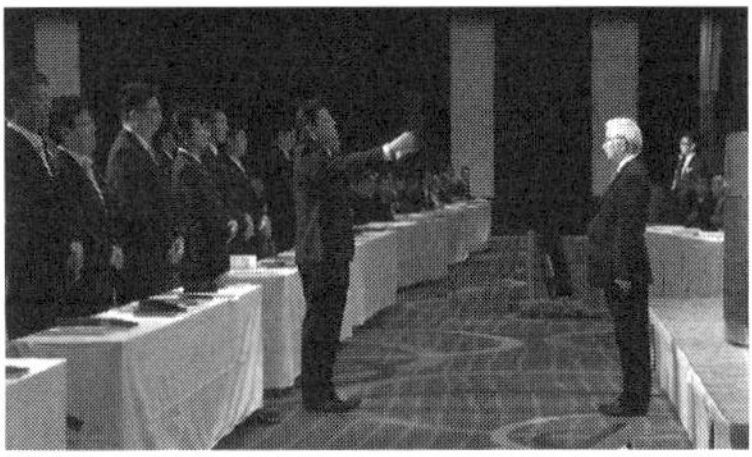

【第2部】
思いきって
楽しむ

「武蔵野」の「経営計画発表会式次第」（第52期・第1部）

一、経営理念唱和　クリーンサービス事業部　課長　井口　直

一、開会宣言　経営サポート事業部　部長　久保田　将敬

一、来賓紹介

一、社長賞表彰

一、優秀社員賞表彰

一、経営計画発表　代表取締役社長　小山　昇

一、幹部決意表明　サービスマスター事業部　部長　大森　隆宏

一、閉会宣言　経営サポート事業部　部長　久木野　厚則

一、ダスキン経営理念唱和　経営サポート事業部　課長　松渕　史郎

3点セット　その②　経営計画発表会

時間どおりにはじめて、必ず時間どおりに終わらせる

実力のない社長は、1時間以上喋ってはいけない

武蔵野のイベントはすべて「時間どおりにはじまり、時間どおりに終わる」のがルールです。時間どおりに終わるから、忙しい支店長も来てくださいます。

私も経営計画発表会の前には自宅でリハーサルを行い、実際に声を出して経営計画書を読みながら、方針ごとに「この方針を読むのに何分かかったか」をチェックします。列車のダイヤをつくるようなものです。

そして本番では、上りと下りのダイヤを見ながら、「遅れているのか、進んでいるのか」を確認します。

昨年と異なる方針には蛍光ペンで印をつけておく。時間が足りなくなったときは、「前回と同じところ」は読み飛ばし、「変更点」を中心に発表します。

私が発表に費やす時間は、1時間30分です。それ以上話をすると、社員も、来賓も飽きてしまいます。また、解説が長いとお説教になり、場をしらけさせます。これから経営計画発表会を開く社長や、人前で話すことに慣れていない社長は、発表する時間を「1時間以内」に留めたほうが無難です。

ある会社の経営計画発表会に私が来賓として参加したとき、社長の話が長過ぎて、社員が居眠りをしていた。そこで私は「もうやめたほうがいいですよ」とメモを書いて、こっそり社長に手渡したことがあります。

また私は、社員からの質問を一切受け付けません。質問を許すと、頭のいい社員は、「社長が回答に窮するような質問」をする。社長が答えられないと、その場の空気が気まずくなります。

以前、ある不動産会社の専務に、「小山社長だけでなく、武蔵野の幹部社員にも話をさせたらいかがですか？」と言われたことがありますが、私は「ダメです」と即答しました。

なぜなら、わが社の矢島茂人（専務取締役）も、滝石洋子（常務取締役）も、私より話が上手だから。彼らに話をさせたら、私の立場がない（笑）。

経営計画発表会は、社長の「ひとり舞台」で行うのが正しいやり方です。

誰が担当になっても運営できるのは、マニュアル化しているから

経営計画発表会を取り仕切るのは、武蔵野の社員です。経営計画発表会は、式次第がマニュアル化されているので、社員は発表会準備委員長や司会を任されても、うろたえません。

半年前からの準備のしかたと、当日のタイムスケジュール（分単位）が細かく決められていますし、司会者の台本には、ト書き（セリフ）まで詳しく書いてあるので、読むだけです。これまで、スピーチの内容を前回と変えた司会者はひとりもいません。

変えるのは、数字と固有名詞だけですが、それさえ「数字と固有名詞は入れ換えること」と注意事項に明記しているため、間違えることはありません。

フロアガイドのつくり方、写真撮影の枚数、撮影のタイミング、サインペンの数、パー

ティーグッズの選び方、撤収のしかたまで細かくマニュアル化しています。「車両担当者は、フロントで割引券をもらうこと」という指示まで書いてあるのですから、誰が担当になっても、運営できる仕組みです。

経営計画発表会の終了後は、担当者が集まって会社経費で懇親会。その前に改善点を洗い出し、翌年に向けてマニュアルを修正します。こうすることで、マニュアルの精度が高まります。

パーティーの最中にタバコを吸う社員がいたら、その会社は赤字

私も以前は来賓として、経営計画発表会に数多く招かれました。招かれた際、私はその会社の定性情報を取るために、決まってあることをします。それは、「第2部の懇親パーティーの最中に、必ずトイレに行くこと」です。

といっても、トイレに行くのが目的ではありません。トイレに行くと見せかけて、「この会社の実態」（定性情報）を把握するのが目的です。

社長の方針が徹底していない会社、社員同士の価値観が揃っていない会社、赤字の会社

は、パーティーの最中に、社員の多くが会場の外でたむろしたり、タバコを吸ったりしています。

たむろしている人数が多い会社は、社内のコミュニケーションが取れていない会社です。もし、コミュニケーションがしっかり取れていれば、社員がつまらなそうに、たむろしているわけがない。

社長は嘘をつけても、社員の行動は嘘をつかない。

優秀な支店長は、私と同じことを考え、社員の様子をよく観察しています。銀行から「この会社は安心できる」と思ってもらうためにも、日頃から社長、幹部、社員のコミュニケーションを取って、「経営計画発表会がいかに重要か」を周知する必要があります。

3点セット　その③　銀行訪問

定期的な報告こそ、銀行の信頼を得る最善策

銀行訪問の回数が多いほど、銀行から信用される

多くの社長は、銀行からお金を借りても、「そのお金をどのように使ったのか」を報告しません。報告をしないから銀行は安心できない。安心できないから担保や保証を求めます。

私は、自分の娘が「お父さん、お金を貸して」と言ってきたときも、借用書を取りました（笑）。自分の子どもにそこまでするのか、と思うかもしれませんが、借用書を取るからこそ、子どもは無駄遣いをしなくなります。子どもが無駄使いをしたり、キャッシングやサラ金にはまるのは、正しいお金の使い方を教えなかった親の責任です。

お金を借りた人が、貸してくれた人の信用を得るには、お金の使い道をきちんと報告しなければなりません。

だから私は、定期的な銀行訪問を自分に義務づけて、武蔵野の現状、売上、経費、利益、今後の事業展開などについて報告しています。

私は、10年以上前までは、毎月、銀行訪問をしていました。現在は取引銀行の数が多くなったため、「3カ月に一度、定期訪問」しています。

銀行訪問は、回数が多いほど銀行から信用されます。なぜなら、回数が多くなるほど、社長は嘘がつけないからです。

年に1回だと、悪い報告をごまかすこともできますが、1カ月に一度、もしくは3カ月に一度のペースだと、嘘がつけない。だから銀行は安心します。

毎月の訪問は荷が重いのであれば、3〜4カ月に一度でもかまいません。定期的に銀行訪問をして、嘘をつかず、会社の現況を報告する。

定期的な報告こそ、銀行の信頼を得る最良の仕組みです。

銀行訪問には、幹部社員を同席させる

銀行には、社長ひとりで出向いてはいけません。経理担当者に任せてもいけません。「社長と幹部社員（武蔵野の場合は、課長職以上が順番に同行）」がセットで行うのが基本です。

２００1年度に、役員と経理部長に銀行訪問を担当させたことがあります。ですが、期待どおりの結果にはなりませんでした。

「わが社の情報が正しく銀行に伝わらない」「銀行の情報が私に正しく伝わらない」「社長がいるといないでは、銀行の対応が違う」といったことがわかり、それ以降は、「私と幹部」で行うようにしています。

また、幹部社員が銀行交渉に同席していると、社内の組織改革も進みやすい。

銀行交渉の内容を「社長」が社員に報告したときと、同席した「幹部」が社員に報告したときでは、社員は間違いなく、幹部の言うことを信じる。職責が下位の人の発言ほど、社員は信用します。私が「全行から融資を断られた」と言ったところで、社員は信じません。

ですが、幹部社員が「銀行がお金を貸してくれない」「小山さんの言うことは本当だ」と事実を口にすれば、信憑性が増して、社員の危機意識をあおることができます。

では、銀行訪問をはじめたいと思ったらどのようにするか。経営計画発表会の翌日に、参加していただいたことへのお礼を伝えに行き、その場で、定期的な銀行訪問を行いたいことを言うとスムーズです。

3点セット その③ 銀行訪問

銀行が忙しくない時間に訪問。1行の訪問時間は「20分」以内

月初、月末、五十日《ごとおび》は、忙しいので相手にしてもらえない

銀行訪問にいつ行くか。一般的に銀行は、「月初、月末、五十日《ごとおび》（5と10のつく日）」が忙しいので、この日は避けたほうがいいでしょう。

訪問するのは、午前中が望ましい。銀行が閉まるのは午後3時。閉店間際は銀行が忙しくなりますが、午前中であれば、それほど慌ただしくありません。

わが社の経営計画書には、事業年度計画（年間スケジュール）が明記してあり、いつ銀行訪問をするか、銀行訪問の日程を1年先まで組み込んでいます。

銀行訪問日をはじめて経営計画書に記したとき、F銀行の支店長に、「小山社長、この手

形を落とすのは大変ですよ」と言われました。

支店長が「手形」と表現したのは、「決めた日時に訪問して会社の現状を報告するのは、約束手形を切るのと同じくらい大変であり、もし約束が守れなければ、銀行の信用を失うことになりかねない」からです。そこで私は、支店長に言いました。

「大丈夫です。手形を落とせないときは、前にジャンプします」

手形のジャンプとは、約束手形の支払期日に決済が困難になった際、手形支払先への支払いを後ろに延ばすことを言います。

ですが私は、前にジャンプする。ようするに、日程の変更をしなければいけないときは、繰り下げをしないで、繰り上げをして行う。そうすれば、必ず手形を落とすことができます。私は今まで期日を守らなかったことは一度もありません。

あらかじめ銀行訪問する日時を銀行に伝えておきますが、当日、支店長がいないときがあります。そのときは、副支店長でも、課長でも、担当者だけでもいい。

定期報告をすることが目的であるから、支店長に会えないからといって、訪問をやめる必要はありません。

また、1行目の訪問は、「銀行のシャッターが上がる前」から待つようにしています。シャッターが上がったときに私が支店長の目の前に立っていれば、まっさきに挨拶ができる。支店長だって悪い気はしないでしょう。

訪問時間は、1行につき「20分以内」

私は午前中に3行訪問しますが、1行に費やす時間は、「20分以内」と決めています。多くの社長は「長く話すほど銀行は信頼してくれる」と思っていますが、そんなことはない。「必要最小限のことだけ話して帰る社長」のほうが好まれます。

忙しい支店長も、「必ず20分で帰る」ことがわかっていれば「会おうか」という気になってくれる。

それに、コミュニケーションは回数です。1回の訪問時間を長くするより、1回の訪問時間は短くても、回数を多くしたほうがいい。同じ1時間でも「1回×1時間」より、「20分×3回」の訪問のほうが効果的です。

3点セット　その③　銀行訪問

「会社の数字」「会社の現状」「今後の展望」について報告する

銀行訪問中に社長が伝えなければいけない「2つ」のこと

私が社員を同行させているように、銀行側も支店長ひとりではなく、担当者を同席させています。銀行訪問の内容を記録するためです。銀行訪問での発言は、すべて記録されるから、そのことを踏まえて、会社の現状を包み隠さず伝えます。

1行の訪問時間は20分です。では、20分で私は何を伝えるのか。おもに次の「2つ」について銀行に報告しています。「会社の数字」と「会社の現状と今後の展望」です。

①会社の数字

銀行訪問をしたら、最初に「数字」を報告します。

同行するわが社の社員が、実績（損益計画の当月、累計、粗利益、人件費、支払利子）を口頭で読み上げます。銀行の担当者には、お渡ししてある経営計画書の空欄に数字を記入していただきます（165・166・199ページ参照）。

銀行の融資担当者が本店に稟議を上げる際、資料として武蔵野の経営計画書が審査部に渡ります。このとき、わが社の経理がエクセルで清書した数字と、銀行の担当者が手書きした数字では、あきらかに後者のほうが説得力があります。

なかには、武蔵野の銀行訪問を「教育の場」として、数人の行員を同席させるところもあります。全員に経営計画書のコピーを持たせて、数字を記入させる。こうした銀行の副支店長は支店長として栄転します。

②会社の現状と今後の展望

数字の報告が終わったら、今度は私から、会社の現況や今後の事業計画、トピックス、他行の融資状況などを報告します。

「他行の融資状況を話したら、銀行から嫌われるのではないか」と思われるかもしれませ

「武蔵野」の「総売上年計表」

単位:百万円

	50期		51期		52期	
項目	当月	年計	当月	年計	当月	年計
5月	473	4,512	330	4,634		
6月	260	4,476	471	4,845		
7月	495	4,486	499	4,849		
8月	381	4,569	296	4,764		
9月	290	4,386	465	4,939		
10月	575	4,530	473	4,837		
11月	328	4,537	356	4,865		
12月	324	4,538	335	4,876		
1月	286	4,443	492	5,082		
2月	495	4,649	302	4,889		
3月	346	4,558	521	5,064		
4月	529	4,777				

銀行の担当者に数字を記入してもらう

んが、そんなことはありません。他行の融資状況は、銀行にとって非常に有益な情報です。なぜかというと、銀行は横並びだから。「他行が、武蔵野にお金を貸した」という実績は、「当行も貸せる」という安心材料になります。

また、報告をするとき、私は次の「3点」に気をつけています。

(1) 良いことだけでなく、悪いことも包み隠さずに言う
(2) 悪いことは先に、良いことはあとに話す
(3) どの銀行にも、同じ話をする

(1) 良いことだけでなく、悪いことも包み隠さずに言う

多くの社長は、銀行に「良いこと」しか話したがりません。「悪いこと」は隠したがる。赤字のときは、銀行訪問を嫌がります。

ですが、赤字でも、「どうして赤字になったのか」「その赤字をなくすためにどのように対処していくつもりか」をきちんと報告できれば、銀行は支援してくれます。

私は、クリエイトという事業を撤退するとき、銀行から撤退資金として3000万円借りることができました。

無知な社長は、「事業を撤退することは、悪いことだ。悪いことのために銀行がお金を貸してくれるはずがない」と考えます。たしかに、事業の撤退は、一見すると悪いことです。

でも私は、支店長にこう言いました。

「この事業を撤退するから、3000万円貸してください。撤退すれば、これから毎月470万円ずつ利益が出ます。利益が出るから貸してください」

事業を撤退すれば、経費削減になる。経費削減は、利益に直結する。利益が出れば銀行も回収できる。だから撤退資金を貸してくれたわけです。

赤字でも「どういうふうに黒字にしていくのか」をきちんと示せれば、銀行はお金を貸してくれます。

銀行は、良いことばかり言う社長を信用しません。銀行が信用するのは、良いことも悪いことも正直に、それもできるだけ早く報告してくれる社長です。

多くの社長は、「赤字だと融資が受けられない」と思い違いをしています。

でも「原因がハッキリしていて、対策が取れる」「こういう理由で、半年後には黒字になる」と見込みを説明できるのであれば、銀行は、融資に応じてくれます。

注文書の現物とコピーを持って、「これだけ注文が入っているので、こういうふうに売上が上がり、このくらい利益が出ます」と銀行に言えるかどうか。

説得材料を差し出すことができれば、「悪いこと」の報告を怖がる必要はありません。


では仮に、半年後に黒字に転換していなければどうなるか。

それでも大丈夫です。

「黒字に転換する予定でしたが、黒字にはなりませんでした。でも対策を講じたおかげで、赤字は半分になりました」

と改善結果を報告できれば、問題ありません（ただし、現状と見込みがあまりにも違い過ぎると銀行から警戒されるので、見込みを伝えるときは、大風呂敷を広げないほうがいいでしょう）。


また、新規事業をはじめたときは、その事業がどのように推移しているかを、現業とは別に、随時、報告します。

「現業はこうで、今までと同じように推移しています」

「新しいことは、こうして、売上がこれくらい伸びています」

このような報告ができれば、銀行は、安心して融資を続けてくれます。

(2) 良いことよりも、悪いことを先に報告する

人間は、最初に聞いたことよりも、最後に聞いたことのほうが印象に残ります。だから、「悪いことから先に報告する」のがコツです。
数年前、武蔵野が単月赤字、累計でも赤字のときがありました。そのときに私の銀行訪問に同行した**「株式会社リカースペース太陽」**の三野智弘社長に、私はこう言いました（経営サポートパートナー会員向けに、私の銀行訪問に同行できるプログラムがあります）
「三野社長、今日はツイていますよ。武蔵野は今、赤字です。赤字の会社の社長が銀行でどのように報告するか、ぜひ見てください。そして、あとで私に感想を教えてください」

三野社長の感想は、こうです。

「小山社長の報告のしかたを聞いていたら、武蔵野が赤字だという気がしません。むしろ、黒字の会社なのでは、という印象を受けました」

そのとおりです。私は嘘偽りなく、悪いことも報告した。けれど、「話す順番」に気をつけたことで、印象を操作することができたのです。話の順番を変えるだけでも、支店長の心証はずいぶん変わります。

「ヨコハマタイヤ滋賀販売株式会社」の塚田益司社長も、私の銀行訪問に同行した社長のひとりです。塚田社長が同行したのは、２０１３年10月17日。その前月、わが社は業績を大きく落としていたのですが、売上ダウンは織り込み済みでした。

私は幹部社員が数字の報告をしたあとに、「社内の事情により、一時的な売上ダウンが予測されていたこと」「事実、その通りに売上が落ちたこと」「原因はわかっているので、残業の削減など、すでに改善策を考えてあること」を銀行に報告しました。さらにこのときは、従業員アンケートの内容も、銀行に公表しています。

わが社では、毎年、従業員アンケートを取っています。社員・パート・アルバイトは何を考えているのか。どういう不平不満を持っているのか。それをいち早く把握して、改善に役立てるのが目的です。

塚田社長は、銀行訪問に同行した感想を次のように述べています。

「小山社長は、従業員アンケートの現物を見せながら、書かれてある内容とその対策を赤裸々に説明していたので、銀行の担当者も、『そこまでやるか』と圧倒されていました。小山社長が積極的に残業の削減に取り組むようになったのも、今から思うと、あのアンケートの中身がひとつのきっかけだったのかもしれません。ある銀行では、『小山社長の後継は、どうされるのですか?』という質問がありました。小山社長は、『考えていないこともないが、私が武蔵野の顔で、サポート会員はそれを求めてくる』と言い、私の顔を見ながら、こう続けたんです。『そうですよね? 塚田さん』。私が「その通りです」とハッキリ答えたところ、銀行の方も安心されたようでした。社外の、サポート会員である私に答えさせたところは、『さすが』と思いましたね」（塚田社長）

（3）どの銀行にも、同じ話をする

私は、実の娘に「キャバクラおやじ」とあきれられるほど、飲み歩いていた時期があります。現在は自粛中です（笑）。

経営サポートパートナー会員の社長とキャバクラに行くと、彼らはまったくモテません。一方、自分で言うのもなんですが、私はモテる（笑）。

彼らがモテないのは、「女の子が変わるたびに、違う話をするから」です。そして私がモテるのは、「どの女の子にも同じ話をするから」です。どうして同じ話をするのかというと、「同じ話をするから、女の子の違いがわかる」からです。

春子さん、夏子さん、秋子さん、冬子さん、誰にでも同じ話をしているから、彼女たちの反応の違いを見て、「この人はオレに気があるな」とか「ないな」とわかるわけです。

また、私は、実の娘に「パチンコおやじ」とあきれられるほど、パチンコをしています。キャバクラと違って、パチンコは現在も継続中です（笑）。

経営サポートパートナー会員の社長とパチンコに行くと、彼らはまったく勝てません。一方、私は強い。パチンコの勝率は7割を超えています。

彼らが勝てないのは、「いろいろな機種（種類）に手を出す」からです。そして私が強いのは、「どのホールに行っても、同じ機種で打つ」からです。

「CRスーパー海物語IN沖縄3」を打つと決めたら、「沖海3」だけを打つ。どうして同じ機種にこだわるのかというと、「同じ機種を打つからこそ、台ごとのプログラムの癖《くせ》がわかる」からです。

結果を出したいなら、広く浅くよりも、「狭く深く」が原則です。ひとつのことだけを検討したほうがうまくいく。多くの人はそのことがわかっていません。

銀行訪問は、極論すると、キャバクラとパチンコと同じです。すなわち、

「どの銀行にも、同じ話をする」

のが基本です。同じ話をすると、

「この銀行（支店）はお金を貸したがっているのか」

「この銀行（支店）は控えているのか」

といった、銀行、支店、支店長の違いや変化をつかむことができます。

「都銀は消極的だけど、地銀は積極的だ。ということは地銀のほうが融資を引き出しやすい」「A行、B行、C行、D行でも融資に消極的だ。ということは、わが社の業務を見直したほうがいいかもしれない」……。

銀行ごとの温度差を知るには、同じ話をするのがいちばんです。

Column

「武蔵野」の

銀行「訪問」の現場から

小山社長の銀行訪問に密着。
銀行と「Win-Win」になるために、
カリスマ社長は、
何を、どのように報告しているのか。
その一部始終をレポート。

武蔵野の人気研修プログラム「銀行訪問同行」を体験

武蔵野には、実践経営塾の受講者を対象にした「銀行訪問同行」のプログラムが用意されています。小山社長の銀行訪問に同行し、「銀行側にどういった報告をしているのか」を体験する人気のプログラムです。

今回、本書の編集スタッフが小山社長の銀行訪問に密着。小山社長のノウハウを時系列でレポートします。

同行日　2015年1月20日（火曜日）
同行者　曽我公太郎（武蔵野部長）／経営サポートパートナー会員・霜野武志社長（株式会社サンワ）・小林民雄社長（株式会社ホーネンアグリ）／藤吉豊（編集スタッフ）
訪問数　3行（A銀行・吉祥寺支店／B銀行・三鷹支店／C銀行・武蔵境支店）

【1行目　A銀行・吉祥寺支店】

8時45分

- 朝7時から行われていた武蔵野の「部門長会議」が終了後（会場は吉祥寺にある武蔵野のセミナールーム）出発。銀行訪問へ。
- 武蔵野からは、曽我公太郎さんが同行（社内の序列によって、来期の同行者がすでに決まっている）。ほかに、このプログラムの参加者が2名（経営サポートパートナー会員）。

8時55分

- 銀行の開店5分前に現地に到着し、シャッターの前で開店を待つ。
- 待っている間に、

「大きな銀行、大きな支店には会議室がたくさんあるが、貸出金額によって案内される部屋が違う」

「支店長の中には、お金を貸したいときには同席し、都合が悪いときは留守にする支店長がいる」

ことを小山社長から教わる。

9時00分

・シャッターが上がると同時に、銀行訪問がスタート。銀行側からは「3名」が対応。

・まず、曽我さんが2014年10月、11月、12月の数字（利益計画全社／総売上年計表／支払金利年計表）を読み上げる。

・銀行には、事前に経営計画書が渡されてあり、担当者「2名」が、数字を「手書き」で書き取る。

・数字の報告が終わったら、小山社長が「現況」と「今後の展望」について説明（内容は大きく次の5つ）。話す内容と順番については、事前に整理して、簡単なメモに列挙してある。

・小山社長が報告をしている間、銀行の担当者は、口を挟まずに聞いている。質問などがある場合は、小山社長の報告が終わってからにしていた。

①ダスキン事業部の売上は過去最高なのに利益が少ないのは、タブレット端末の導入とシステム開発に4500万円の投資をしたから。これは未来への投資であり、残業時間の短縮が見込める。

半期で平均10時間減。１００時間を超えて残業する社員はゼロ。夜9時30分にはコンピュータを止めて、強制的に仕事ができない仕組みにしている。

②X銀行とY銀行が統合することになったので、Y銀行に口座をつくり、５０００万円置いている。

③賞与は前年並みにする。４７００万円売上が上がったが、どうでもいい経費が増えている。経費削減として、懇親会会場の見直しなどを実施。その結果、利益が出ている（セミナーと同じ場所でやる。ホテルの人に設営を頼まず、社員が自ら設営すれば費用がからない　など）。

④反社会的勢力に対する取り組みにも力を入れている。ＳＮＳに不用意な書き込みをすると、損害賠償に発展する可能性もあるので、ＳＮＳの使い方に関する社内勉強会を実施。

⑤武蔵野のキャッシュは11億円。「そんなにあるのにまだ借りるのか」と思われるかもしれ

ないが、何があっても困らないために、緊急支払い能力をさらに高めたい。さらに1億円は必要だと考えている。緊急支払い能力は、一般的には「月商の1カ月分」と言われているが、武蔵野の安全指標は「月商の3カ月分」。

【銀行からの質問・感想】

「50億円規模の会社で、3カ月に1回、社長が自ら銀行訪問をする会社はほとんどない」

【小山社長の回答】

「武蔵野の良いことも、悪いことも知っていただく必要がある。そのためには、社長が自分の口で、定期的に報告するのがいちばん」

9時20分

- 1行目の銀行訪問が終了。所要時間は20分。タクシーに分乗し、2行目に移動。

【2行目　B銀行・三鷹支店】

9時35分

・現地到着。2行目の銀行訪問開始。銀行側からは「2名」が対応。
・ここからは、1行目と同じ流れ。曽我さんが2014年10月、11月、12月の数字を読み上げ、銀行の担当者（ここでは1名）が数字を「手書き」で書き取る。
・数字の報告が終わったら、小山社長が「現況」と「今後の展望」について説明。話す内容も、話す順番も、1行目とまったく同じ。

①タブレット端末の導入とシステム開発に4500万円の投資。これにより、残業時間の短縮が見込める。
②Y銀行に口座をつくり、5000万円置いている。
③賞与は前年並みにする。
④反社会的勢力に対する取り組みにも力を入れている。
⑤緊急支払い能力を高めるために（月商の3カ月分）、もう1億円は借りる予定。

【銀行からの質問・感想】

「残業を減らし、労働時間が減ると、残業代を稼ぎたい社員から不満が上がるのではないか？」

【小山社長の回答】

「そんなことを言ってきたら『他の会社に行け』と言う（笑）。それは冗談にせよ、残業をなくし、それでも業績が下がらなかったら、その部門は賞与を増やす決まりになっているので、結果的に年収が上がる仕組み」※２０１５年６月の賞与は過去最高

９時55分

- ２行目の銀行訪問が終了。所要時間は20分。待たせてあったタクシーに分乗し、３行目に移動。

【３行目　Ｃ銀行・武蔵境支店】

10時10分

- 現地到着。３行目の銀行訪問開始。銀行側からは「２名」が対応。
- ここからは、１行目、２行目と同じ流れ。曽我さんが２０１４年10月、11月、12月の数字を読み上げ、銀行の担当者（ここでは２名）が数字を「手書き」で書き取る。

- 数字の報告が終わったら、小山社長が「現況」と「今後の展望」について説明。話す内容も、話す順番も、1行目、2行目とまったく同じ。

①タブレット端末の導入とシステム開発に4500万円の投資。これにより、残業時間の短縮が見込める。
②Y銀行に口座をつくり、5000万円置いている。
③賞与は前年並みにする。
④反社会的勢力に対する取り組みにも力を入れている。
⑤緊急支払い能力を高めるために（月商の3カ月分）、もう1億円は借りる予定。

【銀行からの質問・感想】

「月商2カ月分の緊急支払い能力でも十分なのに、3カ月を目標にしている中小企業は、ほとんどない」

【小山社長の回答】

「個人は借金をしないのが正しい。けれど、会社は借金をしてでも現預金をたくさん持つのが正しい。何があっても潰れない会社にするためにも、また、銀行が安心して融資をしてくれるためにも、緊急支払い能力を高めておきたい」

10時30分

・3行目の銀行訪問が終了。所要時間は20分

その後、最寄り駅までタクシーで移動。駅前のカフェに入り、「銀行訪問」に同行した経営サポートパートナー会員2名と面談。銀行訪問のポイントについて小山社長から説明。

11時30分

・銀行訪問同行、終了。

小山社長の銀行訪問に同行し、「気づいた点」「学んだ点」は、次の「5つ」です。

①小山社長は腕時計をしていないのに、どの銀行でも、1行の訪問時間が「20分」できっ

ち終わる。掛け時計や支店長の腕時計を見ながら時間を計っている様子（どの銀行に行っても、「どの席に座れば、掛け時計が見えるか」がわかっている、とのこと）。

②どの銀行でも、同じ話を同じ順番で話す。話す内容や条件を揃えなければ、各行の違いがわからないから。

③良いことも、悪いことも、嘘をつかずに報告する。

④「あと1億円は借入れたい」という資金需要の情報を「どの銀行にも平等に」話している。その結果、仮に2行から融資の申し出があったら、基本的には「両方借りる」。絞り込む必要があるときは、「最初に声をかけてくれた銀行」から借りる。また、「Y銀行に口座をつくった」という他行の情報も伝えている。

⑤支店長の表情や、銀行内の様子を「見ていないようで」、つぶさに見ている。銀行の定点観測を行い、銀行側の「貸したい」というサインを見逃さない。

今回、銀行訪問に同行させていただき、小山社長が銀行に媚びることも、反対にケンカを売ることもなく、ビジネスパートナーとしてフェアな交渉をしていると実感しました。

「有利な条件で融資を引き出すための強《したた》かさ」はありながらも、銀行の立場をきちんと考え、ともに並び立つように報告をしています。

同行する前は「貸せ、貸さない」といったせめぎ合いになるのでは、と少し緊張していたのですが、実際は、信頼関係のもとで、事務的に報告がなされた印象です。

「A銀行・吉祥寺支店」の支店長が「50億円規模の会社で、3カ月に1回、社長が自ら銀行訪問をする会社はほとんどない」とおっしゃっていましたが、「命の次に大事なお金」を守るため、そして、銀行と揺るぎない信頼関係を築くためには、

「社長が率先して銀行交渉の場に立つこと」

が何よりも重要なのだとわかりました。

定期的な銀行訪問が、結果として無担保・無保証を可能にしているのだと思います。

第5章

【〝実例〟銀行交渉術】あの会社はなぜ、お金に困らなくなったのか？

実例 1

株式会社ミスターフュージョン

事業構造を変えた結果、口座残高が「48円」から「4億円」に！

株式会社ミスターフュージョン
代表取締役：石嶋洋平
事業内容：Webマーケティング事業、SEM事業
（リスティング広告運用代行）
本社所在地：東京都港区

預貯金を「800万倍」に増やした錬金術とは?

「株式会社ミスターフュージョン」(石嶋洋平社長)は、webマーケティングのコンサルティング会社です。webマーケティングを活用して、企業の業績向上を支援しています。

かつてこの会社のキャッシュフローは非常に悪く、貯金通帳の口座残高が、たったの

「48円」

だったことがあります。ところが、3年間で口座残高が

「4億円」

にまで増えました。じつに800万倍以上、です。

「当時は財布の中に1000円もなくて、バスにも乗れない。お客様のところまで歩いて行ったこともあった」という石嶋社長は、どのように資金繰りを改善したのでしょうか。

「ミスターフュージョン」が短期間でお金を増やすことができたのは、事業構造を変えるなど、大きな改革を進めたからですが、資金運用の面でいえば、次の3点が大きかったと

思います。

①下請けビジネスから手数料ビジネスに事業構造を変えた

②売掛金を減らし、前受金を増やした

③経営計画発表会を開催し、銀行に「社長と社員の姿勢」を見せた

①下請けビジネスから手数料ビジネスに事業構造を変えた

3年前、実践経営塾に入会したばかりのころ、「ミスターフュージョン」は、web（ホームページ）の受託制作を主力事業にしていました。売上の8割はあったと思います。残りの2割は運用の支援業務でした。

私は石嶋社長に、売上の8割を稼いでいた受託制作事業をやめるようにアドバイスしました。「鉄砲を売る」ビジネスモデルから「弾を売る」ビジネスモデルに変えるためです。

「鉄砲」は、一度手に入れたら、しばらく購入しません。鉄砲は単価が高くとも、次の購買につながりにくい。したがって、常に新規顧客を獲得しなければなりません。

ですが、「弾」はどうでしょう？　鉄砲を買った人は必ず弾を使います。つまり、同じお客様に、同じ商品を、定期的に繰り返し販売できる。

ですから、「鉄砲は売らないで、弾を売る」のが、利益の安定するビジネスモデルです。「小山社長に『すぐにやめなさい』と急に言われ、どうしてやめる必要があるのか理由もわからないまま、次の日にはやめました。当時、運用事業の売上は2000万円くらいしかありませんでしたが、今は4億円に伸びています。受託制作に比べ、運用のほうは粗利が85%くらいあるので、キャッシュフローが改善したんです」(石嶋社長)

3年前、「ミスターフュージョン」の売上は約2億5000万円。現在は、約10億円。売上も4倍に伸びています。

②売掛金を減らし、前受金を増やした

インターネットの広告代理業は、「Google」や「Yahoo!」に広告費用を全額「前払い」しなければなりません。ただし、お客様からの入金はあとになります。だからお金が足りなくなる。

「社長の決定ソフト」を使って、石嶋社長に5カ年の資金計画を試算させたところ、「2年後に倒産する」という結果が出ました。仕事を取れば取るほど、お金が回らなくなるから

です。P／L上は黒字でも実際にはお金がない。これでは銀行も危なっかしくてお金を貸せません。

「現金がないからどうしていたかというと、自分のクレジットカードを使って『Google』や『Yahoo!』に支払っていたんです。カードを7枚も持っていて、1年間で9億6000万円もカードを使っていたことがあります。もう、多重債務者のレベルを超えていますよね。貯まったマイルが700万マイルにもなって、カード会社の人から、『石嶋さん、ベンツと交換できますよ』と言われたくらいです（笑）」（石嶋社長）

その話を聞いた私は、こう考えました。

「だったら、お客様自身に、クレジットカードを使って『Google』や『Yahoo!』に直接支払ってもらえばいいのではないか。そうすれば石嶋社長が立て替えなくてもいい」

石嶋社長は「そんなことをしたら、売上が減るじゃないですか！」とトンチンカンなことを言いましたが（笑）、売上を上げることよりも、資金繰りを良くするほうが何倍も大事なことです。

現在は、お客様が「Google」と「Yahoo!」に直接支払いをし、「ミスターフュージョン」は手数料だけをもらっています。売上は減るけれど、手数料収入のビジネスに変えたことで立て替えがなくなり、安定的に現金が残るようになりました。

③経営計画発表会を開催し、銀行に、社長と社員の姿勢を見せた

「経営計画発表会の効果はてきめんだった」と石嶋社長は言います。

「私たちくらいの規模のベンチャー企業だと、1行から借りられる額はせいぜい500万円が平均的です。しかも、信用保証協会付きで。でもミスターフュージョンは、小山社長の指導のおかげで、これまでも1行からプロパーで5000万円くらいまでは借りることができていたんです。それもすごいことなのに、経営計画発表会をしてからは、貸し出していただける額が1億円に増えました。経営計画発表会は、かなりパワーのある会ですね。ちなみに、ある支店長は、『同規模のベンチャーで、1億円融資できる会社は3社しかない』と言っていました」(石嶋社長)

ミスターフュージョンは、どのように変わったか

◉問題点

- 鉄砲を売るビジネスになっていたため、利益が安定しなかった
- 売掛金と立替金が多くて、キャッシュフローが悪かった

◉解決策

- ホームページの制作（下請け）を止め、手数料ビジネスに事業構造を変えた
- 入金と出金の方法を変えた（お客様に直接支払ってもらう）
- 経営計画発表会を実施し、「厳しい経営」をすることを銀行にアピールした

実例 2

株式会社プリマベーラ

役員借入金から銀行融資へ変えた結果、地域シェアナンバーワンに

株式会社プリマベーラ
代表取締役：吉川充秀
事業内容：古着リサイクル専門店、総合リサイクルショップ等の展開
本社所在地：群馬県太田市

役員報酬を会社に貸し付けて、自転車操業を繰り返す

「株式会社プリマベーラ」（吉川充秀社長）は、群馬・埼玉を中心にリサイクルショップを展開しています。

「プリマベーラ」の創業は、1998年。吉川社長が24歳のときです。当初、吉川社長は「1店舗だけでも十分」と考えていましたが、「意外と人気が出たので、店舗を増やさないともったいないぞ、という話になって」（吉川社長）、年々、店舗数を増やしていきます。

「地元の会計事務所に出店のしかたを相談したら、こう言われたんです。『役員報酬を大量に取って、そこから役員が会社にお金を貸し付けて、その資金で出店していきましょう』って。私は何の疑いも持たず、その提案に乗りました。銀行さんからは一切借りずに、私たち役員の給料を貸し付けていくやり方をして、9店舗まで増やすことができたんです。そのかわり、私の銀行口座には、まったくお金が残りません。貯まったら店を増やす、の繰り返しでしたから。2004年まで、そんな自転車操業が続いていたと思います」（吉川社

長)

しかも吉川社長は、会計事務所の指示で、「1店舗1法人」にしていました。これは会計事務所が儲かる仕組みです。毎月決算期をつくれば、利益をつけ回しをすることができる。そうすると税金を払わなくていい。会計事務所はすべての会社から顧問料と決算料を取ることができます。

「たしかに、新しく会社を設立すると、2年間消費税が免税になったり、2段階税率の恩恵を受けられる。法人税も安くなる。だから私にもメリットはあったわけですが、『会計事務所がおいしいだけなのでは?』『税務署から指摘されたら絶対にこれはアウトなんじゃないか』と疑問に思うようになりました」(吉川社長)

銀行からの融資を開始するも、銀行の言いなりに

吉川社長は、会計事務所を変え、資金繰りの方法を見直すことにしました。そして、新しい会計事務所の提案で、「無借金をやめて、銀行から融資を受ける」ことにします。

吉川社長が地銀に「1500万円貸してください」と持ちかけると、地銀は「いいですよ」と答えた。「ただし、根保証をつけてもらっていいですか?」。

根保証という言葉をはじめて聞いた吉川社長は、会計事務所に「根保証をつけてほしいと言われたのですが、どうしたらいいですか?」と相談をします。会計事務所の担当者は、こう返事をしたそうです。

「それが一般的だから大丈夫ですよ。みんなやっていますから」

吉川社長は「みんなやっているなら安心だ」とサインをして、1500万円の融資を受けました。

数カ月後、もう一度同じ銀行に行き、追加で「1300万円」の融資を申し込みます。新店舗の出店資金のためです。すると銀行は、今度も、「いいですよ」と答えた。「ただし、1000万円を定期預金してもらっていいですか?」。

どうして、1000万円の定期預金を積む必要があるのか。吉川社長は、会計事務所に「定期預金がほしいと言われたのですが、どうしたらいいですか?」と相談をします。会計事務所の担当者は、今度も、こう返事をしたそうです。

「それが一般的だから大丈夫ですよ。みんなやっていますから」

吉川社長は「みんなやっているなら安心だ」と考え、定期預金をしました。

さらに数カ月後。新たにお店を出すことが決まり、三たび銀行を訪れた吉川さんは、1300万円の融資をお願いします。銀行は、今度もあっさり、「いいですよ」と答えた。「ただし、信用保証協会の保証付き融資でいいですか?」。

吉川社長は、会計事務所に相談します。会計事務所の担当者は、今度も、こう返事をしたそうです。

「それが一般的だから大丈夫ですよ。みんなやっていますから」

吉川社長は、根保証も、定期預金も、信用保証協会付き融資も「それが一般的だから」「みんながやっていることだから」という理由で、銀行と会計事務所の言いなりになった。

「2008年から、実践経営塾に参加して、小山社長から指導を受けることになったのですが、私が常識だと思っていたことが小山社長にとっては非常識だったんです。私は、担保も保証も差し出すのが常識だと思っていましたが、小山社長は、無担保・無保証が当り前だと言う。それに私は、銀行のほうからこちらを訪ねてくると思っていましたが、小山社長は、こちらから銀行を訪問しろと言う。その違いにショックを受けましたね。その後、小山社長に銀行交渉のしかたを学んで、担保や保証を外していきました」（吉川社長）

複数の銀行から融資を受け、事業規模を拡大

現在、「プリマベーラ」は5行（地銀3行、信金2行）と取引をしています。銀行を5行に増やして借入額を増やしたことで、資金繰りは安定。吉川社長は事業に専念できるようになり、積極的な出店を続けています。

「今、店舗数は34店舗です。実践経営塾に入る前は14店舗でしたから、ずいぶん増えたと思います。もっと前から小山社長の指導を受けていれば、今ごろ、50店舗にはなっていたでしょうね」（吉川社長）

２００８年当時、「プリマベーラ」はライバル会社に差をつけられていました。ライバルのF社の売上は26億円（経常利益は約1億３０００万円）、一方の「プリマベーラ」は、売上が14億円（経常利益は約５０００万円）。

ところが現在は、逆転（「プリマベーラ」の地域シェアは65％）。F社は赤字に転落しています。

F社が赤字になった理由は、明らかです。無借金にこだわったからです（帝国データバンクのレポートを見れば、借入状況などがわかります）。

銀行からの融資を受けなかったため、規模の拡大にお金を使うことができず、結果的に守りに入ってしまった。その結果、F社は業績を落としてしまった。

吉川社長の勝因は、「複数の銀行から借入れをして、社長の実力に見合ったペースで店舗数を増やした」ことにあります。

プリマベーラは、どのように変わったか

◉問題点

・役員報酬を会社に貸し付けて資金を捻出していた（自転車操業）
・「1店舗1法人」にしていた（会計事務所が儲かる仕組み）
・銀行の言いなりになっていた（根保証、定期預金、信用保証付き融資）

◉解決策

・複数の銀行から融資を受けた結果、資金繰りが安定した
・定期的な銀行訪問をして、業績を包み隠さずに報告。支店長の信頼を得た
・透明性の高い経営で、無担保・無保証になった（現在、11本の融資を受けているが、担保を外せていないのは1本だけ）

実例 3

株式会社メディアラボ

「厳しい経営」にシフトして根抵当を外す

株式会社メディアラボ
代表取締役：長島睦
事業内容：パッケージシステムの開発・販売、医療情報システムの受託開発等
本社所在地：東京都立川市

無担保・無保証でお金を借りるための、殺し文句とは？

「株式会社メディアラボ」（長島睦社長）は、医療に特化したシステム会社です。電子カルテや健診システムなど、医療に関わるシステムの開発をしています。

創業者だった父親が事故で亡くなり、急遽、社長に就任。長島社長は、財務諸表も見たことがない状態で会社を引き継ぐことになります。

「父親が亡くなって3日後に、取引のあったA銀行に連絡を入れました。銀行さんがすぐに来てくれて、『社長交代になるため、印鑑を押してください』と言うので、言われるままに押したんです。業績もキャッシュフローも悪かったし、『あっ、もう返さなくていいんだ。ありがとう』くらいの気持ちだったんですね（笑）。お金を借りる、という意識がまったくありませんでした」（長島社長）

その後、長島社長は、実践経営塾に入ります。

「小山社長に教えていただくようになって、無担保・無保証でもお金が借りられることを知りました。当時は1行しかつき合いがなかったし、父親が借りていたお金には、すべて根抵当がついていた。そのことに気がついたのは、社長になって2年も経ったあとでした。そこから銀行交渉をはじめたのですが、銀行は根抵当を外してくれません。新規の銀行に声をかけても、『個人保証も担保もないようでは、貸せない』と言う。そこで私は小山社長に相談したんですね、『どういうふうにしたらいいですか』って」(長島社長)

私は長島社長に、次のようにアドバイスしました。

「いいですか、長島さん。銀行に行ったら、支店長に『厳しい経営をします』と言ってみなさい」

結果はどうだったか。

無担保・無保証で、新規の融資を引き出すことができた。

「それを言ったら銀行の態度が本当に変わるのか、私にはさっぱりわかりませんでした。そんなことを言ったら支店長に怒られるんじゃないかと怖かったのですが、**言わないで小山社長に怒られるほうが何倍も怖い**（笑）。なので、新規で来てくださった地銀さんに、『これからは厳しい経営をしたいので、個人保証も担保もつけずに貸していただけませんか？』と言ってみたんです。すると支店長さんは妙に納得されまして『わかりました』と。支店長さんは、信用保証協会付きの融資を進める予定だったそうですが、『厳しい経営』という言葉を聞いて、プロパーの融資をしてくださったんです」（長島社長）

金利をケチらずに、複数の銀行から借りる

その後、取引行数が増えて、A銀行の担保も外すことができました。現在、「メディアラボ」は、6行と取引しています。この実例のポイントは、「1行主義はダメ」ということです。1行としか取引をしていないと、その銀行に生殺与奪権を握られてしまいます。

銀行側からすれば、「1行の取引」が望ましい。ライバル行が入らなければ、金利を独り占めできます。そのために根抵当をつけるのも正しい。

一方で会社側からすれば、選択肢を多くするのが正しい。銀行は横並びなので、他行が無担保・無保証で貸していれば、「自分たちも担保はつけなくても大丈夫だ」と考えます。

「メディアラボ」は、現在、「月商の6倍」の現金を持っています。これだけお金を持っていれば、資金繰りの心配をしなくていい。少しくらい金利が高くても、銀行からお金を借りておけば、事業に専念できます。

金利が高いといっても、中小企業の場合はせいぜい数百万単位です。ですが、数百万円の金利を払って資金を調達し、未来のために投資をすれば、数千万単位の利益が出る。ゼロが1桁違います。このほうが断然得です。

金利を多く払うことになっても、複数の銀行とつき合う。そして余裕を持って事業をする。結果的には「銀行に金利を払ったほうが、早く利益が出る」ことになります。

メディアラボは、どのように変わったか

◉問題点

- 1行としか取引がなく、資金繰りが不安だった（銀行の言いなりになっていた）
- 父親が借りた融資に根抵当がついていた

◉解決策

- 「厳しい経営」をすることを宣言し、支店長の信頼を獲得する
- 複数の銀行から融資を受けることにして、銀行同士の競争意識をあおる
- 月商の6倍の現金を保有し、未来に投資する

実例 4

株式会社ヒカリシステム

B/Sの勘定科目を変えた結果、財務体質が劇的に改善

株式会社ヒカリシステム
代表取締役:金光淳用
事業内容:遊技場経営、ネットカフェ・カラオケ店経営、フリーペーパー出版
本社所在地:千葉県千葉市

B／Sの数字は、社長ひとりでつくることができる

「株式会社ヒカリシステム」（金光淳用社長）は、パチンコ店やパチスロ店といった遊技場を経営する会社です。

２００５年、父親に代わって社長に就任し、２００６年に実践経営塾に入ります。金光社長が最初に取り組んだのが、「B／S（バランスシート）」の科目を変えることです。B／Sは、社長の意思で決めることができます。

「遊技場は、景品を在庫で持っているのですが、当時、タバコの在庫だけでも、１２００万円くらいあったんです。でも、毎月そんなにたくさんタバコが出るわけではありません。そこで、まずはタバコの在庫を半分にしました。それだけで６００万円分減るわけですね」（金光社長）

タバコで味をしめた金光社長は、事業用の土地（店舗用の土地）も売却しました。

「リースバック（事業用資産を売却し、それをそのまま使用しながら買い主に使用料を支払う方式）にすれば、B／Sには計上されません。リース料は、損益計算書の費用科目として計上されます。また、土地を売ったお金で借金の繰り上げ返済をしたので、借金を少しずつ減らしていくことができました。土地は、買ったときよりも売るときのほうが安かったので、本業で利益を出しながらも、売却損として利益も圧縮できました」（金光社長）

勘定科目の取り方を変えたことで、借金は半分に減り、金利も6割カットすることができたそうです。また、店舗数も5店舗から8店舗に増えています。まだ担保はすべて外れてはいませんが、時間の問題でしょう（新規に関しては、すでに無担保・無保証）。

金光社長は、父親から事業を継承する以前、サラリーマンを経験していたことがあり、「そのときに財務諸表の読み方は勉強させられた」と言いますが、「読めても使い方がわからないと意味がない。営業マンとしての財務諸表の見方と、社長としての財務諸表の見方はまったく違う」と実感しています。

P／Lの数字、つまり会社の利益は、社長と社員が協力しないと上がりません。一方で、

Ｂ／Ｓの数字は、社長ひとりでつくることができます。それなのに、多くの社長がＰ／Ｌの数字しか見ない。Ｂ／Ｓの数字を見て経営をしている社長は、私の経験から言うと、「１万人にひとり」くらいしかいません。

「経費削減もお金をつくるひとつの方法ですが、億単位の経費削減はなかなかできません。けれど、Ｂ／Ｓの取り方を変えれば、それだけで億単位のお金がつくれます」（金光社長）

会社が現金を調達する方法は、次の「３つ」しかありません。

①お客様から
②株主から
③金融機関から

ですが、いつまでもお客様や株主から調達できるとはかぎらない。なぜかというと、世の中が変わるから。お客様が変わるから。ライバルが出現するからです。

だから、社長は、リスクヘッジをしなければいけない。それを可能にしてくれるのが、銀行からの融資なのです。

ヒカリシステムのB／Sに重きを置く経営は金融機関からの評価も高く、金光社長が毎年行っている経済視察に取引銀行の支店長が参加し、共に勉強をするほど、強固な関係を築いています。

ヒカリシステムは、どのように変わったか

◉問題点

- 余分な在庫を抱えていて、キャッシュフローが悪かった
- P／L中心の経営になっていた

◉解決策

- B／Sの勘定科目の取り方を変えて資産を圧縮（タバコの在庫を半分に減らしたり、事業用の土地を売却するなど）
- 土地に関してはリースバックすることで資産から経費に

実例 5

株式会社すがコーポレーション

積極的な借入れで、熊本県有数の不動産仲介業者に成長

株式会社すがコーポレーション
代表取締役：管聖
事業内容：不動産の売買・賃貸の仲介、不動産の賃貸管理、開発業務等
本社所在地：熊本県熊本市

売上規模が小さいので、「取引高」で銀行を説得

「株式会社すがコーポレーション」(管聖社長)は、熊本市内および近郊で不動産売買仲介業を手掛けています。

管社長は融資を受ける際、銀行に言われるまま、さまざまな条件を受け入れていました。

「運転資金を借りるときも、自宅を担保に差し出したり、抱き合わせで投資信託を何千万円も購入したり。ドル建ての個人年金保険に入ったこともあります。1ドル=110円のときに保険に入って、満期のときは1ドル=80円。結局損をしたのですが、そのことにも気づかなかったくらい無知でした(笑)。銀行からお金を借りるときは、自宅も事務所も担保にとられ、ほとんど条件付きでしたね。税理士さんに相談しても、『それが普通ですよ』としか言われなかったですし」(管社長)

そんな管社長も、今では担保なしで借入れをしています。

不動産仲介業は、粗利益がそのまま売上になります。益率100%です。「すがコーポレーション」の売上は約3億6000万円とそれほど大きくはありませんが、「取引高」で見ると、実際には、50億円以上の取引をしている。

「そこで銀行に、『取引高を評価していただけないか』と交渉してみたところ、評価していただけたんですね。条件が外れ、内部留保が増え、決算書の内容が改善されるにしたがい、好条件の融資を引き出すことができるようになりました。今では現預金も増えて、年間売上の3分の1くらいはあるような状況です」(菅社長)

10年ほど前、管社長は銀行の担当者に、「あなたの信用度を見るために、担保を差し出してほしい。自宅を担保に入れることこそ、社長としての本気の証」だと言われたそうです。「一所懸命やる気があるなら、担保くらい差し出せるだろう」と。

でも、銀行のこの言い分は間違っています。担保を出そうと出すまいと、会社を潰さないために死力を尽くし、誰よりも一所懸命仕事をするのが社長の責務です。

「小山社長に、『会社と個人を切り離して、『会社』が成長しているか、『会社』に信用があるかを見てもらわないといけない』とご指導をいただき、はじめて、自分は銀行の言いなりになっていたことに気がついたんです。銀行は神様だと思っていましたから。でも今では、銀行はビジネスパートナーだと思っているので、こちらから提案をすることもあります」(管社長)

「すがコーポレーション」は、現在7行と取引をしています。昨年は「スガスタイル」というリフォーム会社も立ち上げ、初年度に1億円の売上が上がっています(益率は30〜40%)。「スガスタイル」がこのまま堅調に伸びていけば、さらに資金が必要になります。ですが、今の管社長の実力であれば、資金繰りに困窮《こんきゅう》することはないでしょう。

「以前は、借金するのが怖かったんです。いらないものを持つのが嫌で、その場その場で返していました。ですが小山社長から、『借りているものをすぐに返してはダメ。条件変更になるし、銀行に損をさせることになる』と言われ、毎月、余裕を持って返済をしています。今では当社の返済能力を認めていただけているので、担保を取られることはありません。

ん。もちろん、返せない借金をするつもりはありませんが、自分で払える範囲であれば、借金をしても問題ないと思っています。会社はお金を持ってないと、何かあったときに社員を守れませんし」（管社長）

すがコーポレーションは、どのように変わったか

◉問題点

- 借金は悪だと考えていた
- 担保をつけるのが当り前だと思っていた
- 売上高が小さかった

◉解決策

- 益率が100%であること、取引高は50億円を超えていることを銀行に説明
- 繰り上げ返済はせずに、銀行とWin-Winの関係を醸成
- 経営計画発表会や銀行訪問などをはじめ、会社の透明性をアップ

実例 6

株式会社島袋

B/S経営にシフトして、支払手形と在庫をなくす

株式会社島袋
代表取締役:島袋盛市郎
事業内容:金物・工具の卸販売、金物・工具の販売
本社所在地:沖縄県浦添市

B／Sは、社長ひとりで改善できる

「株式会社島袋」（島袋盛市郎社長）は、沖縄県内で、建築金物・電動工具・工具・農具などの卸販売を行う会社です。

島袋社長は、先代の死後、社長に就任します。課長職からの抜擢だったので、まだ社員の信頼は薄い。そこで、「自分ひとりで完結する仕事を学びたい」（島袋社長）という理由で、経営サポートパートナー会員になります。

「社長になって、いちばんわからなかったことは、お金のことだったんです。経理の責任者に聞けば数字を教えてくれますが、その数字の意味がわからない。良いバランスシートと悪いバランスシートはどこが違うのか、借入金はいくらが適正なのか、キャッシュはいくらあればいいのか、今の会社の財務状況がいいのか悪いのか、さっぱりわからない。そこで、小山社長のもとで勉強しようと思ったわけです」（島袋社長）

島袋社長がとくに学びたかったのは、資金繰り（B／Sベースの経営）です。B／Sは、社員の協力がなくても、社長ひとりでできる。B／Sは、ほぼ100％、社長の意思で決められます。島袋社長はB／Sの勘定科目の取り方を変えます。在庫を減らす、支払手形をなくす、借入金は長期にするなどして、

「負債の部は、より下位の勘定科目に」
「資産の部は、より上位の勘定科目に」

数字を移した。

在庫は、一斉に処分。10億円分あった在庫を5億円分に減らしています。在庫を半分に減らしたことによって、金利負担が減りました。6億円あった支払手形も、1億円にまで減っています。

融資を受けるときは、金利よりも期間を優先する

「支払手形を減らすために、銀行の担当者に『会社を良くするために、短期借入金ではな

くて長期にしてください』とお願いしたんです。すると、どの銀行からも理解を得ることができました。『会社を良くするために』という姿勢を評価してくださったのだと思います。支払手形が減って長期借入金が増えた結果、格付けが良くなりましたね。今、島袋の借入れの第一条件は、金利を安くすることよりも、期間を長くすることです」（島袋社長）

格付けが良くなれば、個人保証を外したり、長期借入れも5年ではなく、8年、10年にするなど、好条件の融資を引き出しやすくなります。「島袋」は、現在、短期借入れはゼロです。現預金は、月商の6カ月分はあるでしょう。これだけあれば、会社は潰れません。また、島袋社長は「借入金よりも1円でも多く現預金を持つ」ことを目標にしているため、実質無借金経営を実現しています。

また、島袋社長は、銀行の決算期に合わせて、「島袋」の決算期を3月から2月に前倒しにした。つまり、銀行にとっては期末だけれど、「島袋」にとっては期首になります。

決算時期に成績を上げたい銀行は、積極的に融資をしたがる。

島袋社長は喜んで借りることができる。

すると、どうなるか。

「島袋」は、期首の3月には、1年間の資金調達を終えることができるわけです。1年間、お金の心配をしなくていいのですから、これは強い。

もちろん、最初からうまくいったわけではありませんが、銀行は横並びなので、どこか1行が島袋社長の条件を飲んでくれると、あとは横展開で、他行も変わります。

島袋社長は数年かけて、勘定科目の数字を移し（資産は上位勘定科目へ、負債は下位の勘定科目へ）、現在は、銀行からも高い評価を得ています。

島袋は、どのように変わったか

◉問題点

- B／Sが読めず、会社の財務状況を正しく把握できていなかった
- 在庫や支払手形が財務状況を悪くしていた

◉解決策

- B／Sの勘定科目の取り方を変えて資産を圧縮した
- 支払手形をやめるため、短期借入金から長期借入金に変えた（できるだけ長い期間で）
- 10億円あった在庫を5億円に減らした（安く売る、あるいは捨てる）

付録

小山昇の〝実践〟銀行交渉用語集

PART 2

※PART 1は
『無担保で16億円借りる
小山昇の"実践"銀行交渉術』
（あさ出版）
に掲載しています。

1 借入れ

会社を潰さないためには、できるだけ長期で借入れをする。金利は少々高くても、たくさんの「額」を借入れておけば、会社は潰れない。経営は、現金にはじまり現金に終わる。

2 仮勘定

帳簿に記録すべき取引は発生したが、使用すべき勘定科目やその金額が未確定のために一時的に使用される勘定のこと。前渡金・立替金・未収入金・仮払金などが多いと、会社の与信評価が下がる。

3 厳しい経営

銀行から融資を引き出すマジックフレーズ。自分に厳しくするには、やらないことを決めること。やりたいこと・やることばかり決めていると、人間は甘くなる。

4 給振口座

社員の給与振込口座のこと。会社で給振口座を統一しておくと、銀行交渉の材料としても使える。給振口座が一度に500口座以上なくなったら、支店長は左遷になる。

5 銀行①

会社が困ったときに、助けてくださるのも銀行様、逆に見捨てることができるのも銀行です。

見捨てられないように正しい経営をして、どんなときも困らないようにしておくのが社長の仕事です。（小山昇『仕事ができる人の心得』CCCメディアハウスより）

6 銀行②

銀行の支援なくして、経営は成り立たない。銀行は、敵でも、味方でもなく、「ビジネスパートナー」である。銀行と中小企業は「Win-Win（ウィンウィン）」の関係を築くことが大切。

7 銀行員の肩書

支店でいちばん格上なのが、支店長。以下、副支店長、次長、課長、課長代理と続き、いちばん格下なのは、支店長代理。多くの社長が、「支店長代理」は、支店長の次にエライと勘違いしている。「石を投げれば支店長代理に当たる」というくらい、支店長代理の数は多い。

8 銀行の部屋

大きな銀行、大きな支店には会議室がたくさんあるが、貸出金額によって案内される部屋が変わる。

9 経営者保証に関するガイドライン

①法人と個人が明確に分離されている場合などに、経営者の個人保証を求めないこと。
②多額の個人保証を行っていても、早期に事業再生や廃業を決断した際に、一定の生活費等を残すことや、華美でない自宅に住み続けられることなどを検討すること。

③保証債務の履行時に返済しきれない債務残額は、原則として免除すること。

10 経営統合

銀行が経営統合をしたときに、「自社（本社）に近いから」という理由で取引する支店を決めてはいけない。「主流になるほうの銀行」の「決裁額の大きな支店」と取引をするのが正しい。

11 月初・月末・五十日・午後

月初・月末・五十日・午後3時は銀行も忙しいので、この時期（日時）の銀行訪問は避ける。忙しい時間に訪問しても、相手にしてもらえない。

12 小山昇の〝実践〟銀行交渉術

実際に借りている側、すなわち、「現役の社長」が公開した「絶対に会社を潰さない」ための銀行交渉術。2010年に刊行された同名のビジネス書籍は、某銀行の支店長から、「有害図書」と呼ばれている。なぜなら、銀行としては知られたくない「銀行の本音」が書かれてあるから。

13 3点セット

「経営計画書」「経営計画発表会」「銀行訪問」の3つのこと。この3つを銀行に提示して自社の情報開示をすると、銀行の信用が得られる。

- 「経営計画書」…会社のルールと目指すべき数字を明文化して、1冊の手帳にまとめる。
- 「経営計画発表会」…期首に、銀行の支店長をお招きして、今期1年間の方針を発表する。
- 「銀行訪問」…定期的に銀行を訪れ、会社の現状や借りたお金の使い方について報告する。

14 資金需要

「この時期に、これくらいの金額を借入れたい」という情報は、各行に平等に伝えるようにする。

15 支店長の交代

融資に積極的な「攻めタイプ」の支店長が2期続くと、3期目は融資に消極的な「守りタイプ」が着任する。守りタイプの支店長に変わったときは、メインバンクを変えるチャンス。

16 社長貸付金

社長・役員が法人からお金を借りること。銀行から不良債権と見なされるので、会社の与信評価が下がる。

17 社長の入院

株式会社武蔵野は、社長が入院しても入院しなくても、銀行から融資が受けられる。理由は2つ。

①普段から銀行を応援している
②緊急支払い能力が高い

18 節税

金利を払ってでも融資を受け、会社の現預金を増やし、規模を拡大する。金利を支払うことで納税額が少なくなるので、「借入れは節税」になる。

19 弾を売る

同じお客様に、同じ商品を、定期的に繰り返し販売するビジネスモデル。単価は安くても安定する。

20 定性情報

数字であらわせない情報。会社が明るいか暗いか、整理整頓が行き届いているか、社員がイキイキと仕事をしているか、きちんと挨拶ができているか、規律が保たれているかなど。銀行は、「貸しても大丈夫だ」という定性情報があれば、赤字の会社でもお金を貸す。

21 定量情報

数字であらわせる情報。経常利益、収益力、売上高と経費のバランス、内部留保と資金繰りなど。

22 鉄砲を売る

新規顧客を中心に、単価が高い商品を販売するビジネスモデル。単価が高いが、次の購買につながりにくい。常に新規顧客を獲得しなければならない。

23 年計グラフ

年計とは、その月から直近の1年間の数字を合計したもの。武蔵野の社長室には、「売上年計グラフ」と「粗利益年計グラフ」が掲示されてある。年計は、表で数字を羅列するよりも、手書きでグラフにする。グラフの凹凸になっている箇所は、異常値。

黒字の会社は、必ず社長室か銀行の担当者が見えるところに手書きのグラフを貼っている。赤字の会社の社長は年計グラフを貼らない。貼ってもコンピュータで作成してプリントする。

24 ノルマ

銀行マンがノルマに追われやすいのは、「3月、4月、9月、10月」。銀行はこの時期になると、「ノルマを達成したい。どこかに貸せる会社はないか」と、貸す気が高まる。

25 控えを取る

融資を受けるときは、証書のコピーを取っておく。コピーを取る理由は、次の「3つ」。

- 理由①…コピーを取っておかないと、どのような内容でサインをしたのか、わからなくなるため。
- 理由②…コピーを取る会社は、「この会社はしっかりしている」と銀行からの評価が上がるため。
- 理由③…万が一、銀行と裁判を起こすような事態になったときの証拠とするため。

26 返済

「金利が高くても、返済期間は長く」が借入れの基本方針。わが社の都合で繰り上げ返済をしてはいけない。会社が赤字でも、返済能力があれば、銀行は融資に応じてくれる。

27 満期

定期預金が満期になったら、いったん普通預金に戻し、再度定期預金を行う。満期時にいったん普通預金に戻し、再度、定期預金を行うと、信用力が上がる。銀行は、定期預金の解約を嫌がる。

28 武蔵野銘柄

武蔵野が経営指導している中小企業は、銀行からも高く評価されている。小山昇が定量情報も定性情報も把握し、業務改善を進めているため、銀行も安心してお金を貸せる。

29 無担保・無保証

担保や保証を取られるのは、会社の信頼がない証拠。正しい銀行交渉を行えば、赤字のときでも、無担保・無保証で融資を受けることができる。

30 無知

社長の無知は、犯罪である。

著者紹介

小山 昇（こやま・のぼる）

株式会社武蔵野 代表取締役社長。

1948年山梨県生まれ。東京経済大学を卒業し、日本サービスマーチャンダイザー株式会社（現在の株式会社武蔵野）に入社。一時期、独立して株式会社ベリーを経営していたが、1987年に株式会社武蔵野に復帰。1989年より社長に就任して現在に至る。「大卒は２人だけ、それなりの人材しか集まらなかった落ちこぼれ集団」を毎年増収増益の優良企業に育てる。

2001年から同社の経営のしくみを紹介する「経営サポート事業」を展開。550社以上の会員企業を指導しているほか、「実践経営塾」「実践幹部塾」「経営計画書セミナー」など、全国各地で年間240回の講演・セミナーを開いている。

1999年度「電子メッセージング協議会会長賞」、2001年度「経済産業大臣賞」、04年度、経済産業省が推進する「IT経営百選最優秀賞」をそれぞれ受賞。2000年、2010年には「日本経営品質賞」を受賞している。

本書は、2010年に出版した『無担保で16億円借りる小山昇の“実践”銀行交渉術』（あさ出版）に続く、自身の銀行交渉のノウハウを、余すところなく公開した待望の1冊。前作は、複数の金融機関で研修用テキストとしても使われているほか、「銀行の担当者に渡したら融資が決まった」などの“伝説”も多い。

他にも『増補改訂版 仕事ができる人の心得』（CCCメディアハウス）、『【決定版】朝一番の掃除で、あなたの会社が儲かる!』（ダイヤモンド社）など、著書多数。


99%の社長《しゃちょう》が知《し》らない銀行《ぎんこう》とお金《かね》の話《はなし》 〈検印省略〉

2015年 11 月 25 日 第 1 刷発行
2022年 3 月 30 日 第 12 刷発行

著 者――小山 昇（こやま・のぼる）
発行者――佐藤 和夫

発行所――株式会社あさ出版

〒171-0022 東京都豊島区南池袋 2-9-9 第一池袋ホワイトビル 6F
電 話 03（3983）3225（販売）
03（3983）3227（編集）
F A X 03（3983）3226
U R L http://www.asa21.com/
E-mail info@asa21.com

印刷・製本 文唱堂印刷株式会社

note http://note.com/asapublishing/
facebook http://www.facebook.com/asapublishing
twitter http://twitter.com/asapublishing

ISBN978-4-86063-828-3 C2034

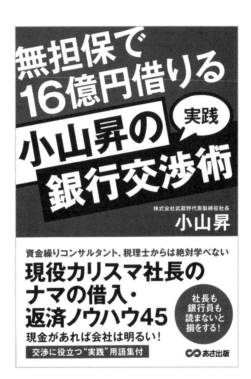